高水平中等职业学校系列教材

质量管理基础教程

ZHILIANG GUANLI JICHU JIAOCHENG

傅晗 王代彬 胡涛 主编

化学工业出版社

·北京·

内 容 简 介

《质量管理基础教程》根据中职阶段学生的学习特点，较为系统地阐述了现代企业质量管理的常用知识，介绍了中职学生在进入企业后会接触到的常用质量管理工具和方法。内容包括质量管理的认识、质量管理基本原则、ISO9000族标准、质量管理的常用方法、现场管理和企业质量文化6个项目。旨在提高中职学生对企业质量管理的认知水平，提高学生的职业素质和企业适应能力。

本书可作为中等职业院校管理类或质量类相关专业的教学用书，也适合从事质量相关工作的其他人员学习。

图书在版编目（CIP）数据

质量管理基础教程/傅晗，王代彬，胡涛主编．—北京：化学工业出版社，2022.1
高水平中等职业学校系列教材
ISBN 978-7-122-40199-1

Ⅰ.①质… Ⅱ.①傅… ②王… ③胡… Ⅲ.①质量管理-中等专业学校-教材 Ⅳ.①F273.2

中国版本图书馆CIP数据核字（2021）第218818号

责任编辑：杨 菁 金 杰 刘 铮　　　　　　文字编辑：刘 铮
责任校对：宋 玮　　　　　　　　　　　　　　装帧设计：王晓宇

出版发行：化学工业出版社（北京市东城区青年湖南街13号　邮政编码100011）
印　　装：三河市双峰印刷装订有限公司
787mm×1092mm　1/16　印张 8½　字数138千字　2022年1月北京第1版第1次印刷

购书咨询：010-64518888　　　　　　　　　　　售后服务：010-64518899
网　　址：http://www.cip.com.cn
凡购买本书，如有缺损质量问题，本社销售中心负责调换。

定　价：29.80元　　　　　　　　　　　　　　　　　　　　　　　版权所有　违者必究

前言
PREFACE

当今社会,质量已深入人心。提高质量是企业改革发展的核心任务,是企业管理工作的永恒主题。国家一直重视职业教育发展,在中职教育中普及质量教育,强化质量意识,突出质量主题。

为工业企业培养合格的专业技术工人是中职学校的根本立足点。经营要符合市场需要,企业的质量管理成为决定企业发展成败的重要因素。在客观条件相同的情况下,员工对企业质量管理要求的执行力成为企业间竞争的关键。因此,新时代背景下,成为懂得质量管理的实用型技能人才,是当前中职学生个人发展的内在要求。

本书内容共分为6个项目,包括质量管理的认识、质量管理基本原则、ISO9000族标准、质量管理的常用方法、现场管理及企业质量文化。本书由重庆巴南职教中心傅晗、王代彬、胡涛主编,由陈露、马俊峰、雷小丰担任副主编,参加编写的还有陆顺鑫、易晓燕、袁宁泽、胡宗乐等。另外吴瑜、罗晓雨、柏丹等在教材资料收集及校稿等工作中也付出了大量的努力,在此表示感谢。本书在编写过程中得到了重庆城市管理职业学院吕红教授和重庆市巴南职业教育中心研究员石光成的悉心指导与大力支持,感谢他们提升了教材的品质。本书由重庆新金课教育科技有限公司校核。

由于编者的专业知识水平有限,书中可能尚有不足之处,恳请读者批评指正。

编　者

目录
CONTENTS

项目1　质量管理的认识

任务1.1　质量的概念　/002
　　1.1.1　产品质量特性　/003
　　1.1.2　质量的特点　/005
　　1.1.3　质量的重要性　/005
　　1.1.4　影响产品质量的因素　/006
　　1.1.5　解决质量问题的流程　/007
　　1.1.6　质量形象的构成　/008
　　1.1.7　企业质量形象塑造　/008

任务1.2　质量管理的内涵　/010
　　1.2.1　质量管理　/010
　　1.2.2　质量方针　/011
　　1.2.3　质量计划　/011
　　1.2.4　质量策划　/012
　　1.2.5　质量保证与控制　/013
　　1.2.6　质量管理的应用　/013

任务1.3　质量管理的发展　/015
　　1.3.1　质量检验阶段　/015
　　1.3.2　统计质量管理阶段　/016
　　1.3.3　全面质量管理阶段　/017

任务1.4　质量管理工具　/018
　　1.4.1　统计过程控制　/018
　　1.4.2　测量系统分析　/019
　　1.4.3　失效模式及后果分析（FMEA）　/020
　　1.4.4　产品质量先期策划　/020
　　1.4.5　生产件批准程序　/020

项目2　质量管理基本原则

任务 2.1　以顾客为中心原则　/024
  2.1.1　实施以顾客为中心原则组织要开展的活动　/024
  2.1.2　实施以顾客为中心原则的重要意义　/025

任务 2.2　领导作用原则　/025
  2.2.1　实施领导作用原则组织领导要开展的活动　/026
  2.2.2　实施领导作用原则的重要意义　/026

任务 2.3　全员参与原则　/027
  2.3.1　实施全员参与原则员工要开展的活动　/028
  2.3.2　实施全员参与原则的重要意义　/028

任务 2.4　过程方法原则　/029
  2.4.1　实施过程方法原则组织要开展的活动　/029
  2.4.2　实施过程方法原则的重要意义　/029

任务 2.5　管理的系统方法原则　/030
  2.5.1　实施管理的系统方法原则组织要开展的活动　/030
  2.5.2　实施管理的系统方法原则的重要意义　/031

任务 2.6　持续改进原则　/031
  2.6.1　实施持续改进原则组织要开展的活动　/032
  2.6.2　实施持续改进原则的重要意义　/032

任务 2.7　基于事实的决策方法原则　/033
  2.7.1　实施基于事实的决策方法原则组织要开展的活动　/033
  2.7.2　实施基于事实的决策方法原则的重要意义　/033

任务 2.8　互利的供方关系原则 034
  2.8.1　实施互利的供方关系原则组织要开展的活动　/034
  2.8.2　实施互利的供方关系原则的重要意义　/035

任务 2.9　质量管理补充原则　/035
  2.9.1　互利关系　/035
  2.9.2　关注少数　/036
  2.9.3　适应科技　/036

项目3　ISO9000族标准

任务 3.1　ISO9000 族标准　/040

任务 3.2　认识 ISO　/041

任务 3.3　ISO9000 族标准的产生　/042

任务 3.4　ISO9000 族标准在中国的应用　/043

任务 3.5　ISO9000 族标准的内容　/043

任务 3.6　进行 ISO9000 质量管理体系认证的意义　/044

任务 3.7　实施 ISO9000 族标准的意义　/045

任务 3.8　ISO9001 标准的主要变化　/048

任务 3.9　ISO9001 标准的特点　/049

项目4　质量管理的常用方法

任务 4.1　分组法　/052

任务 4.2　直方图法　/053

任务 4.3　排列图法　/054

任务 4.4　相关图法　/055

任务 4.5　因果分析图法　/056

任务 4.6　控制图法　/057

任务 4.7　关联图法　/058

  4.7.1　关联图的优缺点　/059

  4.7.2　绘制关联图的步骤　/059

  4.7.3　关联图的绘制形式　/060

  4.7.4　关联图与因果图的主要区别　/060

任务 4.8　KJ 法　/061

任务 4.9　系统图法　/063

任务 4.10　矩阵图法　/064

任务 4.11　矩阵数据分析法　/065

任务 4.12　过程决策程序图法　/066

任务 4.13　箭条图法　/067

项目5　现场管理

任务 5.1　现场及现场管理　/073
　　5.1.1　现场管理的基本内容　/074
　　5.1.2　现场管理的重要性　/075
任务 5.2　现场改进的基本思想　/076
　　5.2.1　三不原则　/076
　　5.2.2　三现主义　/079
　　5.2.3　PDCA 循环　/083
　　5.2.4　精益原则　/085
任务 5.3　现场管理的方法　/089
　　5.3.1　作业标准化　/089
　　5.3.2　5S 管理　/090
　　5.3.3　可视化管理　/095
　　5.3.4　单元化生产方式　/105
　　5.3.5　安全人机工程　/106
　　5.3.6　管理看板　/107
　　5.3.7　行迹管理　/112

项目6　企业质量文化

任务 6.1　企业文化与质量文化　/118
　　6.1.1　企业文化　/119
　　6.1.2　质量文化　/120
任务 6.2　企业质量文化的作用　/121
任务 6.3　企业质量文化的变革　/122
　　6.3.1　大力强化质量意识，建立全员共同的质量价值　/123
　　6.3.2　积极推行全面质量管理　/124
　　6.3.3　领导要高度重视质量文化建设　/124
　　6.3.4　逐步培育、构建全社会的大质量文化　/125

参考文献

项目 1
质量管理的认识

课程目标

知识目标
- 了解质量管理的概念
- 掌握质量管理的特点
- 熟悉质量形象的构成与塑造

能力目标
- 能够快速理解质量管理的含义
- 能够运用知识分析影响产品质量的因素

导读

企业的生命是什么？一个成功企业的管理是怎样的？通过学习本专题，同学们将了解到质量管理的基本内涵、企业质量形象的构成，并通过思考和体会，获得思想的启迪、知识的提升、实践能力的增强。

问题引入

无论是社会、企业还是学校，都离不开管理。管理如果运用得当将会取得巨大的效果。质量是构成社会财富的物质内容，是社会科学技术和文化水平的综合反映，是产品打入国际市场的前提条件。那么，质量的含义是什么？质量形象又是如何塑造的呢？

知识要点

质量管理是现代企业围绕产品质量须满足的不断更新的质量要求而开展的策划、组织、计划、实施、检查和监督审核等所有管理活动的总和，是企业管理的一个中心环节。全面质量管理是指：一个组织以质量为中心，以全员参与为基础，目的在于通过让顾客满意和本组织所有成员及社会受益而达到长期成功的管理途径。在实践中，无论是企业的生产部门还是服务部门运用质量管理都取得了巨大的效果。质量管理模式已经成为一种流行趋势，质量管理思想逐渐渗透到学校领域，被认为是提高学校教育教学质量、提升管理水平的一种有效工具。

任务1.1 质量的概念

质量是指反映实体满足明确和隐含需要的能力的特性之总和。

实体是指可单独描述和研究的事物。实体可以是活动或过程，可以是产品

（通用产品类），可以是组织、体系或人，也可以是上述各项的任意组合。每一个实体都应有清楚的界定和描述。质量并不只局限于产品和服务，而是一直扩展到活动、工程、组织和人的质量，也即所有事物的质量。

需要，一般指顾客的需要，也可指社会的需要及第三方（不是供方，也不是顾客）的需要。在很多情况下，需要会随着时间而变化，这就意味着要对质量要求进行定期评审。需要一般有两种形式：

① 明确需要。一般指在合同环境中，特定顾客对实体提出的明确的需要，这种需要常以合同契约等方式予以规定。

② 隐含需要。是指顾客或社会对实体的期望，或指那些虽然没有通过某种形式给以明确规定，但却是为人们普遍认同的、无须事先申明的需要。

? 想一想

生活中顾客或社会对食品企业有哪些隐含的需要？

1.1.1 产品质量特性

如果把各种产品质量的特性归纳起来，则产品质量特性可以概括为产品的性能、寿命、可靠性、安全性、经济性等五个方面，如图 1-1 所示。

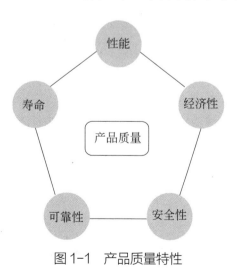

图 1-1 产品质量特性

（1）性能

性能是指对产品使用目的所提出的各项要求，是产品适合使用的性能，也称之为使用适宜性。比如，对农业机械有种种不同要求：不仅要有耕作机械、场上机械、运输机械，还要有中耕锄草、喷灌、除虫、收割等机械；不仅要有适用于粮食作物的机械，还要有适用于多种经济作物的机械；不仅要有适用于平原地区的机械，还要有适用于山区的机械；不仅要有适用于旱地作业的机械，还要有能用于水田作业的机械；等等。产品适用于在不同目的、不同条件下使用的性能，这就是它的适用性。

（2）寿命

寿命是指产品能够使用的期限。例如，灯泡能够使用的小时数、钻井机钻头的进尺数、闪光灯的闪光次数等。又如汽车、拖拉机这类需要经常维修保养才能保持其性能的产品，也可把两次大修的时间间隔作为它们的使用寿命。

（3）可靠性

可靠性是指产品在规定的时间内、规定的条件下，完成规定工作任务的能力大小或可能性。一般来讲，就是指产品不仅要在出厂时保证各项性能指标达到规定要求，而且还要做到"经久耐用"，即产品的精度稳定性、性能持久性、零部件耐用性好，能够在规定的使用期限内保持规定的功能。比如一架飞机，不仅要在出厂时保证其性能指标符合标准，而且要求它在飞行过程中不出故障；又如一套通信设备，不仅在启用时各项性能指标要合乎要求，而且在使用过程中也必须保持良好性能状态；等。所以，可靠性意味着经过一段时间考验，在使用过程中逐渐表现出来的各方面满足人们需要的程度，它属于产品内在的质量特性。

（4）安全性

安全性是指产品在操作或使用过程中保证安全的程度，是否有对操作人员造成伤害事故、影响人身健康、产生公害、污染周围环境等的可能性。

（5）经济性

经济性是指产品的制造成本（与产品的结构、重量、用料等有关），以及产品使用过程的运转费用、维护修理费用、维持费用、运营费用等使用成本。产品的经济性不仅看制造成本，还要特别注意产品的使用成本，要看产品寿命期的总成本。这一点随着经济的发展已为人们越来越重视。如，产品使用过程中的动力、燃料消耗，柴油机、汽油机的燃油消耗率，锅炉的燃煤、燃油消耗率等，都是考核产品质量经济性的重要指标。当前，要根据节约能源的要求，努力降低消耗，使能耗指标达到先进水平，尽快改变大量耗费能源的电老虎、煤老虎、油老虎的产品质量现状。此外，提高产品的维修性（易修性），使产品在保养、维修上省时、省事、省钱，这也是达到质量经济性的重要方面。

 议一议

除了文中叙述的质量特性，还有哪些产品质量的特性？

1.1.2 质量的特点

- 质量不仅包括活动或过程的结果，还包括使质量形成和实现的活动及过程本身；
- 质量不仅包括产品质量，还包括它们形成和实现过程中的工作质量；
- 质量不仅要满足顾客的需要，还要满足社会的需要，并使顾客、从业人员、业主、供方和社会都受益；
- 质量问题不仅存在于工业，还存在于服务业及其他各行各业。

 知识补充

质量是一组固有特性满足要求的程度。质量的关键是"满足要求"，这些"要求"必须转化为有指标的特性，作为评价、检验和考核的依据。由于顾客的需求是多种多样的，所以反映质量的特点也应该是多种多样的。对于产品质量特性，都应当尽量定量化，并尽量体现产品被使用时的客观要求，把反映产品质量主要特性的技术经济参数明确规定下来。不同类别的产品，质量特点的具体表现形式也不尽相同。质量严重地影响着一个企业的存亡，质量管理在企业管理中的地位越来越重要。

1.1.3 质量的重要性

质量的重要性，主要表现在以下几个方面：

（1）质量是构成社会财富的物质内容

没有质量就没有数量，也就没有经济价值。所以，企业的生产经营活动必须坚持质量第一，坚持产品的经济价值和使用价值的统一。

（2）质量是社会科学技术和文化水平的综合反映

产品质量是人类生产实践的结晶，是构成国民财富的物质内容，是国民经济的基础。因此，从某种意义上说，产品质量是这个社会的科学技术和文化水平的综合反映。对一个企业来讲，产品质量是这个企业科学技术、文化水平和管理水平的综合反映。

（3）质量是产品打入国际市场的前提条件

产品质量是进入现代国际市场的"通行证""敲门砖"。企业要想使产品打入国际市场，参加国际大循环，前提条件就是要有过硬的产品质量、适宜的价格和约定的交货期。

（4）质量是企业的生命

产品质量的好坏，决定着企业有无市场，决定着企业经济效益的高低，决定着企业能否在激烈的市场竞争中生存和发展。"以质量求生存，以品种求发展"已成为广大企业发展的战略方针。

（5）质量是人民生活的保障

产品质量与人们的工作、生活息息相关，一旦产品出了质量问题，轻则造成经济损失，重则导致人员伤亡等事故发生。

 做中学

分小组进行调查，论证学校运用质量管理的必要性。

1.1.4 影响产品质量的因素

随着质量管理的不断发展，质量管理由以前的"重在结果"转变为目前的"重在预防"，要变"事后把关"为"事前预防"，变管理结果为管理因素。因此在实施质量管理时要从影响产品质量的因素入手，进行预防管理。纵观整个生产过程，造成产品质量波动的原因主要有6个因素，即：人、机（机器设备）、料（材料）、法（方法）、测（测量）、环（环境）。

① 人的因素。操作者对质量的认识、技术熟练程度、身体状况等。
② 机器设备的因素。机器设备、工具的精度和维护保养状况等。
③ 材料的因素。材料的成分、物理性能和化学性能等。
④ 方法的因素。这里包括加工工艺、工装选择、操作规程等。
⑤ 测量的因素。测量时采取的方法是否标准、正确。
⑥ 环境的因素。工作场地的温度、湿度、照明和清洁条件等。

1.1.5　解决质量问题的流程

质量计划应当包括一套解决问题和纠正瑕疵的程序，以应付出现的问题或瑕疵。正确的方法和严密的流程可以确保问题和瑕疵得到有效解决。解决质量问题的方法由以下六个步骤组成：

步骤一　界定问题范围。找出问题，分析它所产生的影响。

步骤二　纠正问题。纠正在步骤一中发现的问题。

步骤三　确定问题根源。确定问题或瑕疵产生的原因，而不仅仅是问题或瑕疵的表面现象。

步骤四　纠正流程的缺陷。确认流程中的弱点，改变流程以消除产生问题的根源。

步骤五　评价纠正行为。检验流程，以确保纠正行为是有效的，而且能够消除问题或瑕疵的根源。

步骤六　后续工作。评价纠正行为，确保不会由于改变流程而产生新的问题或瑕疵。

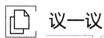
议一议

当产品质量出现问题时，怎样组织领导来实施管理办法以求快速解决问题？

1.1.6 质量形象的构成

企业的质量形象是一种由许多因素构成的复合体。在质量形成和质量使用的整个过程中，凡能引起消费者的印象和感知认识的因素，均称为质量形象的构成要素，其中主要包括产品质量形象、服务质量形象以及整体质量形象等要素。

（1）产品质量形象

产品质量是指产品适合一定的用途、能满足人们一定需要所具备的自然属性和物理属性。它由结构、材质、物理、化学和机构性能等综合体现为内在特性，同时也由产品的外观、手感、色彩、款式、造型等综合体现为外部特性。企业应设计和制造出适合社会需要的具有外在和内在特性的优良产品。

（2）服务质量形象

从质量管理的观点来分析，服务是产品质量整体概念的一个重要组成部分。消费者除了考虑产品质量各项功能外，还要求得到良好的服务。从质量形成的全过程来看，企业的服务可分为售前服务和售后服务。所以一个企业的服务质量形象如何，必须从售前服务质量形象和售后服务质量形象两部分来加以分析。

（3）企业整体质量形象

消费者评价质量形象虽然常常从直接的产品质量和服务质量入手，但有时也会根据企业某些其他状况来评价企业的质量，如企业获得国家评奖的等级、企业的规模、企业的归属系统、企业的环境、企业人员的素质和管理水平等。这些要素可以被归纳为企业整体质量形象。

查一查

上网搜集资料，查找品牌形象的构成要素。

1.1.7 企业质量形象塑造

塑造企业质量形象是一项具有高度艺术性和技术性的工作。这就需要企业有一套完整的、科学的工作程序，使企业能够有步骤、有计划、有目的地塑造自己的质量形象。具体说来，企业在塑造企业形象时要做好以下几个方面的工作：

（1）提升产品的可靠性是质量形象的基础

产品的可靠性是产品在特定条件下和时间限度内，产品的特性能顺利发挥而不发生故障的可靠程度，即产品的耐用程度。随着科学技术的发展以及社会协作的深化，人们对产品可靠性（尤其是某些尖端产品、关键产品的可靠性）的要求越来越高。因此，产品的可靠性是企业质量形象的基础，要想塑造良好的企业质量形象，需从提升产品的可靠性做起。

（2）质量形象是企业公共关系的重要标志

质量形象将促使企业形象的建立，企业形象实质上是一种反映企业与公众之间联系程度和联系性质的标志。质量形象的提高，必然使企业形象得到相应提高。企业与社会大众的关系更紧密、更亲近，就会拥有更多通畅的渠道，这是现代企业生存的一个重要条件。

（3）进行质量调查是质量形象的前提

进行质量调查，是塑造企业质量形象的前提。为树立起企业良好的质量形象，调查了解用户、顾客、消费者对企业质量的要求和意愿，以及他们对企业质量形象的评价是十分必要的。通过调查收集企业质量形象的信息，企业可达到对质量形象的自我认识，并在分析评估的基础上，进而做到"知己知彼"。

（4）提高员工素质是质量形象的关键

提高员工素质是塑造企业质量形象的关键。首先是提高企业领导的质量意识，企业领导要针对企业情况建立质量方针、近期和远期的质量目标。其次是提高管理人员和操作人员的质量思想、操作技术和操作中可控水平。再次是提高质量检验人员的质量责任和技术素质水平。最后是重视对质量教育情况的分析，"质量管理始于教育，终于教育"。

企业质量形象将促进企业形象的建立，质量形象的提高，必然使企业形象得到相应提高。企业形象实质上是一种反映企业与公众之间联系程度和联系性质的标志，企业与社会大众的关系更紧密、更亲近，就会拥有更多通畅的渠道，这是现代企业得以生存发展的一个重要条件。

 议一议

企业质量管理与学校质量管理有何种联系？

任务1.2
质量管理的内涵

1.2.1 质量管理

质量管理是指确定质量方针、目标和职责，并通过质量体系中的质量策划、控制、保证和改进来使质量方针、目标和职责实现的全部活动。企业要想以质量求生存，以品种求发展，要想积极参与到国际竞争中去，就必须制定正确的质量方针和适宜的质量目标。而要保证方针、目标的实现，就必须建立健全质量体系，并使之有效运行。建立质量体系工作的重点是质量职能的展开和落实。

 做中学

收集并学习重庆轨道交通企业质量管理体系的组织流程图。

质量管理必须由组织的最高管理者领导，这是实施组织质量管理的一个最基本的条件。质量目标和职责应逐级分解，各级管理者都须对目标的实现负责。质量管理的实施涉及组织的所有成员，每个成员都要参与到质量管理活动之中，这是全面质量管理的一个重要特征。质量管理体系示意图如图1-2所示。

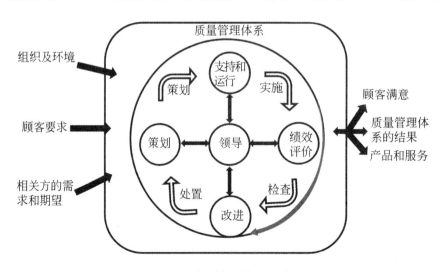

图1-2 质量管理体系示意图

1.2.2 质量方针

质量方针是一个组织总的质量宗旨和方向,是一个比较长远的发展宗旨,而不是一个短期的目标。组织的质量方针应与组织的总体经营方针相一致。因此,质量方针必须由组织的最高管理者制定并形成文件,由组织的最高管理者正式颁布。质量方针是组织总方针的一部分,要与其他方针(如经营方针)保持协调一致,应与组织的未来发展相一致。组织的最高管理者应采取一切必要的措施,确保本组织的各级人员能理解、实施和评审质量方针,使质量方针成为每一成员的座右铭。

在制定质量方针时,最高管理者应考虑预期的顾客满意程度、其他相关方的需求、持续改进的机会和需求、所需的资源、供方和合作者的作用。经过有效沟通而制定的质量方针,应表明对达到最佳质量的承诺,表明为实现最佳质量对提供足够资源的承诺,并且,要阐述持续改进和顾客满意度。质量方针应定期评审并在必要时予以修订。

补充知识

质量方针示例:
- 科学管理,精心开发;优质高效,守约重信。
- 始终把提高用户满意度作为我们不懈追求的目标,通过恪守"务实、合作、学习、创新"的行为准则来保障公司产品与服务质量的持续改进,从而为全球民众的信息交流提供优质、高效的整体网络解决方案。
- 独立公正、科学严谨、信守合同、优质高效。
- 用户的满意和期望是企业对质量始终不渝的追求。先进的技术、科学的管理及优良的服务是企业产品质量不断提高的保证。产品安全和环境保护是企业的社会责任。

1.2.3 质量计划

质量计划是规定特定的项目、产品或合同由谁、何时以及应使用哪些程序和相关资源来完成的文件。质量计划提供了一种途径将某一产品、项目或合同的特定要求与现行的通用质量体系程序联系起来。虽然要增加一些书面程序，但质量计划无需开发超出现行规定的一套综合的程序或作业指导书。一个质量计划可以用于监测和评估贯彻质量要求的情况，但这个指南并不是为了用作符合要求的清单。质量计划也可以用于没有文件化质量体系的情况，在这种情况下，需要编制程序以支持质量计划。

1.2.4 质量策划

质量策划是指质量管理中致力于设定质量目标并规定必要的作业过程和相关资源以实现其质量目标的部分。最高管理者应对实现质量方针、目标和要求所需的各项活动和资源进行质量策划。质量策划的输出应该文件化。

质量策划是质量管理中的筹划活动，是企业领导和管理部门的质量职责之一。企业要在市场竞争中处于优胜地位，就必须根据市场信息、用户反馈意见、国内外发展动向等因素，对老产品改进和新产品开发进行筹划，确定研制什么样的产品，应具有什么样的性能，达到什么样的水平，提出明确的目标和要求，并进一步为如何达到这样的目标和实现这些要求从技术、组织等方面进行策划。

质量策划与质量计划是不一样的，质量策划强调的是一系列活动，而质量计划却是一种书面的文件。但编制质量计划可以是质量策划的一部分。质量策划主要包括：产品策划、管理和作业策划、编制质量计划和作出质量改进的规定。具体来说，质量策划的工作内容主要有：

- 向管理者提出组织质量方针和质量目标的建议；
- 分析顾客的质量要求并形成设计规范；
- 对产品设计进行质量和成本方面的评审；
- 制定质量标准和产品规格；
- 控制策划过程和制定保证质量合格的程序；
- 研究质量控制和检验方法；
- 进行工序能力研究和对质量成本的分析；
- 开展动员和培训活动；
- 研究并实施对供应商的评估和质量控制；
- 对组织进行质量审核。

> **做中学**
>
> 收集并学习一份汽车车身修复企业的质量管理策划书。

1.2.5 质量保证与控制

质量保证是质量管理中致力于对达到质量要求提供信任的部分,指为使人们确信产品或服务能满足质量要求而在质量管理体系中实施并根据需要进行证实的全部有计划和有系统的活动。质量保证已不是一般意义上的保证质量,它具有特殊含义。它强调对用户负责,即为了使用户或其他相关方能够相信组织的产品、过程和体系的质量能够满足规定的要求,必须提供充分的证据,以证明组织有足够的能力满足相应的质量要求。质量保证分为内部质量保证和外部质量保证。

质量控制是质量管理中致力于达到质量要求的部分,指对产品、过程和体系的固有特性要求。质量控制应贯穿于产品形成的全过程,应包括所有环节和阶段中与质量有关的作业技术和活动。质量控制应注意:计划、评价和验证、分析和改进。质量控制是一个动态的过程。

> **查一查**
>
> 质量管理和质量控制的区别。

1.2.6 质量管理的应用

从产品研制、生产的质量信息流动的纵向来看,生产过程中质量管理分为三层,即决策层、管理层、执行层。其中,决策层制定质量管理的相应标准和执行规范。管理层负责监督产品生产过程的质量管理条例的执行情况。执行层指产品加工、生产、装配、调试及交付等过程中对质量管理条例的贯穿和执行。从横向来看,要实现从总体单位设计任务书输入到产品交付的售后服务的全生命周期的质量管理。从纵向来看，下一层接受上一层下达的计划和执行标准、规范，对出现的现实问题进行反馈，并向上一层反馈质量信息，实现对质量管理标准和规范的持续改进。

（1）生产过程中的质量管理措施

① 强化标准化组织生产。标准化工作是质量管理的重要前提，是实现管理规范化的需要。在产品生产过程中，对于军标、企标中的规定需要按标准执行，对于标准中禁限用的工艺，必须按要求强制要求车间工人禁用。

② 加强质量检验机制。质量检验是指：在生产过程中需要对原材料、元器件、组件、半成品等进行检验、鉴别、分选，并剔除不合格品；在产品装配过程中，需要对产品的外观、静电电气性能等进行合格性检验，确保每次装配工序完成后的产品均为合格品，防止不合格半成品流向下一道工序，降低产品故障排查难度。质量检验机制的严格把关，保证了不合格的原材料不投产，不合格的半成品不转入下道工序，不合格的产品不出厂。

查一查

查找电脑零件加工企业质量检验的操作步骤。

③ 合理运用质量管理工具。产品在研制、生产过程中，需要借助一系列仿真工具和统计工具，对生产中产品元器件的检验参数、产品调试参数等数据进行可视化呈现。通过可视化工具对生产过程中的"人机料法环测"实时监控，当出现异常情况时，可在短时间内对出现的异常点进行整改。

（2）元器件质量管控

元器件的质量管理适用于产品的全寿命周期的各个阶段，包括方案论证阶段、工程研制阶段、定型阶段、售后使用阶段。元器件应满足产品功能、性能、环境适应性、安全性、质量与可靠性要求。在生产过程中，元器件管理工作主要包括元器件采购、监制、验收、复验、补充筛选、破坏性物理分析、失效分析等全过程质量与可靠性管理。有效控制元器件产品质量、提高元器件使用可靠性是元器件质量管控的重点。

（3）生产过程中的质量保证措施

- 严格贯彻执行工艺规程，保证工艺质量。组织技术检验，把好工序质量关，实行全面质量管理。

- 全面、准确、及时地掌握制造过程各个环节的质量现状和发展动态。
- 加强不合格品的管理，不合格品管理工作要做到三个"不放过"。强化对制造过程中的各工序检测。

（4）产品质量数据管理及分析

将元器件检验、产品生产、装配、调试、交付及售后过程中的数据进行采集记录、存储，形成完整的产品质量数据，并使用合理的分析工具对数据进行分析。这将对产品再生产、产品衍生型号的研发等提供数据支撑。

产品生产中，强化标准生产、坚持质检机制、提升质量软实力等措施，能有效提升产品生产质量。运用合理的分析工具对产品生产过程中形成的一系列质量数据进行数据统计和分析处理，又能对再生产和衍生型号产品研制和生产产生促进作用。在产品生产过程中，质量管理的严格参与，将为生产出用户满意的产品发挥巨大作用。

任务1.3
质量管理的发展

质量管理从产生到发展走过了漫长的道路，人类历史上自有商品生产以来，就开始了以商品的成品检验为主的质量管理。按照质量管理所依据的手段和方式，可以将质量管理的发展历程大致划分为三个阶段：质量检验阶段、统计质量管理阶段和全面质量管理阶段。

1.3.1 质量检验阶段

质量检验阶段从19世纪中叶欧洲革命开始，直到20世纪30年代第二次世界大战爆发前结束。当时，人们对质量管理的理解还只限于对质量的检验，检验工作是质量管理活动的主要内容。其主要特点是严格把关，对已完成了的全部产品进行事后的、百分之百的检验。而由谁来执行检验这一职能则有一个变化过程。

初期的检验由工人自己进行，工人依靠自己的手艺和经验把关，故有人称之为"操作者的质量管理"。

其后，美国出现了以泰罗为代表的"科学管理运动"，"科学管理"提出了在人员中进行科学分工的要求，并将计划职能与执行职能分开，质量管理的责任就由操作者转移到了工长，有人称之为"工长的质量管理"。

后来，由于公司规模的扩大，这一职能又由工长转移到专职检验人员，由专职检验部门实施质量检验，有人称之为"检验员的质量管理"。

质量检验是在成品中挑选出废品，以保证出厂产品质量。这确实可以保证产品质量，但这种事后检验把关，无法在生产过程中起到预防、控制的作用。废品已成事实，很难补救；且百分之百的检验，增加检验费用。随着生产规模进一步扩大，在大批量生产的情况下，这样做在经济上是不合理的，而且缺乏系统的观念，责任不明，一旦出现质量问题容易扯皮，推卸责任。

查一查

搜集资料或上网查询中国质量管理的发展历程。

1.3.2 统计质量管理阶段

统计质量管理阶段始于第二次世界大战期间，但在战后才得以传播和广泛应用。其主要特点是应用数理统计原理和抽样技术对生产过程进行控制，以预防不良质量产品的出现，即进行事前的、预防性的生产过程控制。

早在20世纪20年代前后，一些著名的统计学家和质量管理专家就注意到事后质量检验的弱点，尝试运用数理统计的原理来解决这一问题。例如，美国的质量管理专家休哈特提出了控制和预防缺陷的概念，并发明了控制图，把数理统计方法引入质量管理中。他认为质量管理不仅要搞事后检验，在发现有废品生产的先兆时就应进行分析改进，从而预防废品的生产。同时，美国人道奇和罗米格提出了抽样检查法，它既能使产品满足一定的质量要求，又能大大地减少检验工作量。

然而，休哈特等人的创见，开始只被少数美国企业采用。第二次世界大战开始以后，由于战争的需要，美国军工产业急剧发展，尽管增加了大量检验人员，但是产品积压待检的情况还是十分严重，结果不仅废品损失惊人，而且在战场上经常发生武器弹药的质量事故。在这种情况下，美国军政部门组织一批专家和工程技术人员，于1941—1942年间先后制定并公布了《质量管理指南》《数据分析应用控制图》《生产过程质量管理控制图法》，强制生产武器弹药的厂商推行，并收到了显著的效果。从此，统计质量管理的方法才得到很多厂商的应用，统计质量管理的效果才得到了广泛的承认。

第二次世界大战结束后，美国许多企业扩大了生产规模，除原来生产军火的工厂继续推行统计质量管理的方法以外，许多民用企业也纷纷采用这一方法，美国以外的许多国家，如加拿大、法国、德国、意大利、墨西哥、日本也都陆续推行了统计质量管理，并取得了成效。

议一议

控制图和抽样检查法这两种方法哪一种使用频率更高？

1.3.3 全面质量管理阶段

20世纪60年代以来，社会生产力迅速发展，科学技术日新月异，质量管理也出现了很多新情况，仅仅依靠事后质量检验和运用统计方法已难以保证和提高产品质量，因此，许多企业开始了全面质量管理的实践，促使全面质量管理的理论逐步形成。最早提出全面质量管理概念的是美国通用电气公司质量经理菲根堡姆。1961年，他出版了《全面质量控制》一书，该书强调在最经济的水平上、在充分满足用户要求的条件下进行市场研究、设计、生产和服务，把企业各部门的研制质量、维护质量和提高质量的活动构成一个一体的有效体系。

菲根堡姆的全面质量管理理论逐步被世界各国所接受，各国根据自身情况运用该理论，并总结成国家标准。随着国际贸易的发展，产品的生产销售已打破国界，不同民族、不同国家有不同的社会历史背景，质量的观点也不一样，往往会形成国际贸易的障碍或鸿沟。这就需要在质量上有共同的语言和共同的准则。1987年，国际标准化组织在总结各国全面质量管理经验的基础上，制定了 ISO9000《质量管理和质量保证》系列标准，1994 年和 2000 年又对 ISO9000 系列标准进行了两次修改。我国也等效、等同采用了 ISO9000 系列标准，广大企业在认真总结全面质量管理经验与教训的基础上，宣传 GB/19000 或 ISO9000 系列标准，以进一步全面深入地推行这种现代国际通用的质量管理方法。

做中学

小组分组收集资料，了解加拿大、法国、德国、意大利、墨西哥、日本这几个国家全面质量管理不同发展阶段的特点。

国家	19 世纪末	20 世纪初	20 世纪 20～40 年代	20 世纪 40～60 年代	20 世纪 60～80 年代	21 世纪
加拿大						
法国						
德国						
意大利						
墨西哥						
日本						

任务1.4 质量管理工具

1.4.1 统计过程控制

统计过程控制（SPC）是一种制造控制方法，是针对制造中的控制项目，依其特性收集数据，通过过程能力的分析与过程标准化，发掘过程中的异常，并立即采取改善措施，使过程恢复正常的方法。

实施 SPC 的目的：

- 对过程作出可靠的评估；
- 确定过程的统计控制界限，判断过程是否失控和过程是否有能力；
- 为过程提供一个早期报警系统，及时监控过程的情况以防止废品的发生；
- 减少对常规检验的依赖性，定时的观察以及系统的测量替代了大量的检测和验证工作。

查找 SPC 工具的类别。

收集整理有关统计过程控制的资料，讨论如何运用 SPC？

1.4.2 测量系统分析

测量系统分析（MSA）是通过统计分析的手段，对构成测量系统的各个影响因子进行统计变差分析和研究以得到测量系统是否准确可靠的结论。

MSA 可以了解测量过程，确定在测量过程中的误差总量，以及评估用于生产和过程控制中的测量系统的充分性。MSA 促进了解和改进（减少变差）。

在日常生产中，人们经常根据获得的过程加工部件的测量数据去分析过程的状态、过程的能力和监控过程的变化。那么，怎么确保分析的结果是正确的呢？必须从两方面来保证。

① 确保测量数据的准确性/质量，使用 MSA 方法对获得测量数据的测量系统进行评估。

② 确保使用了合适的数据分析方法，如使用 SPC 工具、试验设计、方差分析、回归分析等。MSA 使用数理统计和图表的方法对测量系统的分辨率和误差进行分析，以评估测量系统的分辨率和误差对于被测量的参数来说是否合适，并确定测量系统误差的主要成分。

1.4.3 失效模式及后果分析（FMEA）

潜在的失效模式及后果分析作为一种事前的预防措施工具，其目的是发现、评价产品过程中潜在的失效及其后果，找到能够避免或减少潜在失效发生的措施并不断地完善。

FMEA 的目的：
- 能够容易、低成本地对产品或过程进行修改，从而化解事后修改的危机；
- 找到能够避免或减少这些潜在失效发生的措施。

议一议

FMEA 可以用来解决什么问题？

1.4.4 产品质量先期策划

产品质量先期策划（APQP）是用来确定和制定确保产品满足顾客要求所需步骤的结构化方法。

APQP 的目标是促进与所涉及每一个人的联系，以确保所要求的步骤按时完成。

APQP 为制订产品质量计划提供指南，以支持顾客满意的产品或服务的开发。

想一想

APQP 这种方法使用起来有哪些弊端？

1.4.5 生产件批准程序

生产件批准程序（PPAP）为一种实用技术，在第一批产品发运前，通过产品核准承认的手续，验证由生产工装和过程制造出来的产品符合技术要求。

PPAP 的目的：
- 确定供方是否已经正确理解了顾客工程设计记录和规范的所有要求；
- 确定在执行所要求的生产节奏下的实际生产过程中，是否具有持续满足这些要求的潜能。

 拓展资料

PPAP 的产品必须取自有效的生产过程。

所谓有效的生产过程：
- 1～8h 的生产；
- 至少为 300 件连续生产的部件，除非顾客授权的质量代表另有规定；
- 使用与生产环境同样的工装、量具、过程、材料和操作工进行生产；
- 每一独立生产过程制造的零件，如相同的装配线和/或工作单元、多腔冲模、铸模、工装及仿形模的每一腔位的零件都必须进行测量，并对代表性的零件进行试验。

 议一议

质量管理的五大工具是哪五个？分别有什么用途？

 课后训练

小组合作开展训练，调查并认识企业质量管理，完成以下操作。

一、调查了解国际质量管理的历程

小组合作，组内合理分工，完成以下调查任务。

（1）收集调查国外经济发达的国家的质量管理情况，了解不同国家质量管理发展的历程。

（2）调查国内质量管理的发展历程。

二、调查当地知名企业质量管理运用情况

根据以上调查，讨论结果，组内分工，完成以下任务。

（1）你选择调查的企业是：＿＿＿＿＿＿＿＿＿＿＿＿＿＿＿＿＿

（2）此企业近几年发展现状如何？_____

_____

（3）企业发展好坏与是否应用质量管理有何关联？_____

_____

_____

三、交流体会

各小组成员组内交流讨论自己的体验，并选派代表在班级中交流。

（1）结合自身体验，谈谈在进行调查时，你最担心的问题是什么？有没有好的解决措施？_____

_____

（2）结合自身体验，谈谈质量管理能给企业带来什么？_____

_____

（3）目前国内主要运用的质量管理工具有：_____

_____

四、教师点评

_____

_____

_____

项目 2
质量管理基本原则

课程目标

知识目标
- 理解质量管理基本原则的含义
- 掌握质量管理的基本原则
- 熟悉实施质量管理原则需开展的活动和意义

能力目标
- 能够识记质量管理基本原则的特点与意义
- 能够运用质量管理基本原则组织开展活动

导读

学习本专题，你将对企业质量管理有一个全面的了解，掌握重要原则，熟悉整个流程。这些知识储备将会为以后实际操作打下坚实的基础。使你能够适应社会的需要，企业的需要，实现个人价值。

问题引入

随着全球竞争的不断加剧，质量管理逐渐成为所有组织管理工作的重点。一个企业应具有怎样的管理原则，才能保证向顾客提供高质量的产品，才能维护企业正常且高质量运转呢？

任务2.1
以顾客为中心原则

没有顾客，组织就无法生存。因此，组织必须把识别、理解顾客的要求并予以满足作为首要工作。而顾客的要求是不断变化的，组织要生存与发展，就必须始终关注顾客以了解顾客未来的需求，并争取超越顾客的期望，引导市场。

应用以顾客为中心原则，组织应建立对市场的快速反应机制，创造竞争优势，增强顾客的满意程度。组织依存于他们的顾客，因而组织应理解顾客当前和未来的需求，满足顾客需求并争取超过顾客的期望。

2.1.1　实施以顾客为中心原则组织要开展的活动

- 全面地理解顾客对于产品、价格、可靠性等方面的需求和期望。
- 谋求在顾客和其他受益者（所有者、员工、供方、社会）的需求和期望之间的平衡。

- 将这些需求和期望传达至整个组织。
- 测定顾客的满意度，并为提高顾客满意度而努力。
- 管理与顾客之间的关系。

想一想

怎样理解顾客是上帝这句话？

2.1.2 实施以顾客为中心原则的重要意义

- 对于方针和战略的制定，使得整个组织都能理解顾客以及其他受益者的需求。
- 对于目标的设定，能够保证将目标直接与顾客的需求和期望相关联。
- 对于运作管理，能够改进业绩，使得组织能更好地满足顾客的需求。
- 对于人力资源管理，保证员工具有满足组织的顾客所需的知识与技能。

议一议

除上述意义外，实施以顾客为中心原则还有哪些作用？请结合自身实际体验讨论交流。

任务2.2 领导作用原则

组织的质量管理活动主要包括制定质量方针和目标、规定职责、建立体系、实现策划控制和改进等。质量方针、质量目标是组织宗旨的重要组成部分，而与产品实现有关的活动构成了组织的运作方向。当运作方向与组织的宗旨相一致时，组织才能实现其宗旨。领导者的作用主要体现在使组织的运作方向与宗旨一致，并创造一个全体员工均能充分参与实现组织目标的内部环境。

> **议一议**
>
> 一个好的领导，给人的印象是怎样的？

2.2.1 实施领导作用原则组织领导要开展的活动

- 努力进取，起模范带头作用。
- 了解外部环境、条件的变化并对此作出响应。
- 考虑到包括顾客、所有者、员工、供方和社会等所有受益者的需求。
- 明确地提出组织未来的前景。
- 在组织的各个层次树立职业道德典范。

除上述外，组织领导还应开展以下活动：在组织的内、外部环境中建立信任感、消除恐惧心理。向员工提供所需要的资源和在履行其职责和义务方面的自由度。鼓舞、激励和承认员工的贡献。进行开放式的、真诚的相互交流。教育、培训并指导员工。设定具有挑战性的目标，并推行组织的战略以实现这些目标。

2.2.2 实施领导作用原则的重要意义

- 对于方针和战略的制定，明确组织未来的前景。
- 对于目标的设定，将组织未来的前景转化为可测量的目标。
- 对于运作管理，通过授权使员工参与，实现组织的目标。
- 对于人力资源管理，建立一支充分授权、充满激情、信息灵通和稳定的人力资源队伍。

> **案例 迈克尔·戴尔本人执行力的体现**
>
> 戴尔电脑的成功很大程度上可以归结为创始人迈克尔·戴尔先生的执行力。用前戴尔亚太采购负责人方国健的话说就是:"迈克尔·戴尔的特质之一是极有远见,他通常在认定一个大方向以后就亲自披挂上阵,带领全公司彻底执行。""迈克尔·戴尔推动互联网深度运用与普及"这个例子便是迈克尔·戴尔本人领导力(执行力)作用的明证:迈克尔·戴尔很早就意识到,互联网将彻底改变人的生活形态与工作习惯,而且是直销的一种利器,有必要大力宣传,提高人们对互联网的重视。为了做好这项工作,迈克尔·戴尔安排在公司内部到处张贴一种大海报。在海报上,迈克尔·戴尔本人一脸酷相,半侧着身子,一手直指向画外(观众),海报上印了一行大字:"Michael wants you to know the net!(迈克尔希望你把互联网搞通!)"戴尔还在好几个公开演讲中热情洋溢地表达他对互联网的看法。此番努力的结果是:戴尔电脑有70%的营业额可以通过网络下单成交,公司的多数管理制度及工具可以在网络上发布。

 议一议

结合案例谈谈你对领导作用力的理解。

任务2.3
全员参与原则

人是管理活动的主体,也是管理活动的客体。组织的质量管理是通过组织内各职能、各层次的人员参与产品实现过程及支持过程来进行的。过程的有效性取决于各级人员的意识、能力和主动精神。各级人员是组织之本,只有当每个员工都充分参与，他们的才干得到充分发挥并能实现创新和持续改进时，组织才会获得最大的收益。

2.3.1 实施全员参与原则员工要开展的活动

- 承担起解决问题的责任。
- 主动地寻求机会进行工作改进。
- 主动地寻求机会来加强技能、知识和经验。
- 在团队中自由地分享知识和经验。
- 关注为顾客创造价值、不断创新。

除了上述几点以外，员工还需做到：更好地向顾客和社会展示自己的组织；从工作中得到满足感；作为组织的一名成员而感到骄傲和自豪。

议一议

实施全员参与原则于顾客而言意义是什么？

2.3.2 实施全员参与原则的重要意义

- 对于方针和战略的制定，使员工能够对改进组织的方针和战略目标作出贡献。
- 对于目标的实现，使员工承担起对组织目标的责任。
- 对于运作管理，使员工适当地参与决策活动和对过程的改进。
- 对于人力资源管理，使员工对他们的工作岗位更加满意，积极地参与有助于个人的成长和发展，符合组织的利益。

想一想

员工参与到企业的决策活动中，这对于企业而言有哪些益处？

任务2.4 过程方法原则

组织的活动包含许许多多的过程,一个过程的输出通常将直接成为下一个或几个过程的输入。系统地识别和管理组织活动包含的过程,特别是分析这些过程之间的相互作用,称为"过程方法"。应用过程方法可以高效地获得预期的结果。

2.4.1 实施过程方法原则组织要开展的活动

- 对过程给予界定,以实现预期的目标。
- 识别并测量过程的输入和输出。
- 根据组织的作用,识别过程的界面。
- 评价可能存在的风险、因果关系以及内部过程与顾客、供方和其他受益者的过程之间可能存在的相互冲突。
- 明确地规定对过程进行管理的职责、权限和义务。识别过程内部和外部的顾客、供方和其他受益者。

在设计过程时,应考虑过程的步骤、活动、流程、控制措施、培训需求、设备、方法、信息、材料和其他资源,以达到预期的结果。

对于过程方法原则你是如何理解的?

2.4.2 实施过程方法原则的重要意义

- 对于方针和战略的制定,整个组织利用确定的过程,能够更准确地对结果进行预见、更好地使用资源、缩短循环时间、降低成本。

- 对于目标的设定，有助于确立更具有挑战性的目标。
- 对于运作管理，采用过程的方法，能够以成本低、失误少、偏差小、循环时间短、对输出的可预见性强的方式得到最佳的运作结果。
- 对于人力资源管理，可降低人力资源管理过程（如人员的租用、教育与培训等）的成本，促进过程与组织需要的结合，并造就一支有能力的人力资源队伍。

任务2.5 管理的系统方法原则

要素的集合构成了系统。一个系统相对于高于它的一级系统，它自己又是要素。要素与要素、要素和系统、系统与所处环境都会相互关联和相互作用。要素的顺序、关联及构成方式决定了系统的结构。要素和系统构成部分和整体的关系。整体的功能可以大于、等于或小于部分的功能之和。

组织内的各级过程、员工等都是按倒金字塔的形式组成系统。质量管理体系的构成要素是过程。对构成质量管理体系系统的过程予以识别、理解并管理，可使过程相互协调，使职责、权限、能力对应，以便最大限度地实现预期的结果。针对设定的目标，识别、理解并管理一个由相互关联的过程所组成的体系，有助于提高组织的有效性和效率。

2.5.1 实施管理的系统方法原则组织要开展的活动

- 通过识别或展开影响既定目标的过程来定义体系。
- 以最有效的实现目标的方式建立体系。
- 理解体系的各个过程之间的内在关联性。
- 通过测量和评价持续地改进体系。
- 在采取行动之前确立关于资源的约束条件。

2.5.2 实施管理的系统方法原则的重要意义

- 对于方针和战略的制定，制定出与组织的作用以及与过程输入相关联的、全面的、具有挑战性的方针和战略。
- 对于目标的设定，将各个过程的目标与组织的总体目标相关联。
- 对于运作管理，对过程的有效性进行广泛的评审，可了解问题产生的原因并适时地进行改进。
- 对于人力资源管理，加深对于在实现共同目标方面所起作用和职责的理解，能够减少相互交叉职能间的障碍，改进团队工作。

 知识补充

"管理的系统方法"的应用要点：

- 建立一个以过程方法为基础的质量管理体系；
- 明确过程的顺序和相互作用，规定职责，使这些过程相互协调；
- 监视或测量各个过程的实施，必须特别注意关键过程的方法、程序，落实有效性；
- 通过对质量管理体系的测量和评审，采取措施以持续改进体系，提高组织的业绩。

任务2.6 持续改进原则

持续改进是"增强满足要求的能力的循环活动"，由一系列的改进过程构成，是组织的发展战略。其对象可以是质量管理体系、过程、产品等。其目的是提高组织质量管理体系的有效性（完成策划的活动和达到结果的程度）和效率（达到的结果与所使用的资源之间的关系），实现质量方针和质量目标，增进顾客和其他相关方的满意程度。持续改进是组织的一个永恒目标。

2.6.1 实施持续改进原则组织要开展的活动

- 将持续地对产品、过程和体系进行改进作为组织每一名员工的目标。
- 应用有关改进的理论进行渐进式的改进和突破性的改进。
- 周期性地按照"卓越"的准则进行评价,以识别具有改进的潜力的区域。
- 持续地改进过程的效率和有效性。
- 鼓励预防性的活动。

还应向组织的每一位员工提供有关持续改进的方法和工具方面的教育和培训,如:循环、解决问题的方法、过程重组、过程创新;制定措施和目标,以指导和跟踪改进活动;对任何改进给予承认。

查一查

上网查询与持续改进原则有关的参考资料与案例。

2.6.2 实施持续改进原则的重要意义

- 对于方针和战略的制定,通过对战略和商务计划的持续改进,制定并实现更具竞争力的商务计划。
- 对于目标的设定,设定实际的和具有挑战性的改进目标,并提供资源,使得商务计划得以实现并得到提高。
- 对于运作管理,对过程的持续改进涉及组织的员工的参与,以提高员工的积极性。
- 对于人力资源管理,向组织的全体员工提供工具、机会和激励,以改进产品、过程和体系。

任务2.7
基于事实的决策方法原则

成功取决于正确的决策和精心的策划。决策是在活动实施之前选择的最佳运作方案。决策活动包括制定目标，确定需解决的问题和实现目标需进行的活动，方案的可行性评估等。决策基于一定的信息输入。正确的决策必须有正确的输入，即输入可靠且数量足够的信息。对数据和信息的逻辑分析或直觉判断是有效决策的基础。

2.7.1 实施基于事实的决策方法原则组织要开展的活动

- 对相关的目标值进行测量，收集数据和信息。
- 确保数据和信息具有足够的精确度、可靠性和可获取性。
- 使用有效的方法分析数据和信息。
- 理解适宜的统计技术的价值。
- 根据逻辑分析的结果以及经验和直觉进行决策并采取行动。

2.7.2 实施基于事实的决策方法原则的重要意义

- 对于方针和战略的制定，根据数据和信息设定的战略方针更加实际、更可能实现。
- 对于目标的设定，利用可比较的数据和信息，可制定出实际的、具有挑战性的目标。
- 对于运作管理，由过程和体系的业绩所得出的数据和信息可促进改进，防止问题再发生。
- 对于人力资源管理，对员工监督、建议等来源的数据和信息进行分析，可指导人力资源方针的制定。

> **议一议**
>
> 盲目性的决策会导致组织陷入困境,而不及时的决策会使组织裹足不前,基于事实的决策方法究竟是靠什么说话呢?

任务2.8 互利的供方关系原则

随着生产社会化的不断发展,生产活动分工越来越细,专业化程度越来越高。一种产品的生产往往是通过多个组织分工协作,即通过供应链来完成的。因此,任何一个组织都有其供方。供方所提供的材料、零部件或服务对组织的最终产品有着重要的影响,只有供方提供高质量的产品,组织才能为顾客提供高质量的产品,最终确保顾客满意。组织的市场扩大,则为供方增加了提供更多产品的机会。所以,供方与组织相互依赖。组织与供方良好合作,联合起来对顾客的要求作出灵活快速的反应,将最终促使组织与供方均增强创造价值的能力,使双方都获得更大的效益。

2.8.1 实施互利的供方关系原则组织要开展的活动

- 识别并选择主要的供方。
- 把与供方的关系建立在兼顾组织和社会的短期利益和长远目标的基础之上。
- 清楚地、开放式地与供方进行交流。
- 与供方共同开发和改进产品和过程。
- 与供方共同理解顾客的需求。

除此之外,组织还应向供方分享信息和对未来的计划;承认供方的改进和成就;等等。

2.8.2 实施互利的供方关系原则的重要意义

- 对于方针和战略的制定，通过发展与供方的战略联盟和合作伙伴关系，赢得竞争的优势。
- 对于目标的设定，通过供方早期的参与，可设定更具挑战性的目标。
- 对于运作管理，建立并管理与供方的关系，可确保供方能够按时提供可靠的、无缺陷的产品。
- 对于人力资源管理，通过对供方的培训和共同改进，发展和增强供方的能力。

> **议一议**
>
> 在这八项原则中，你认为哪一项原则最重要？

任务2.9 质量管理补充原则

2.9.1 互利关系

组织的生存与发展依赖于顾客、员工、所有者、供方、社会等相关方。组织应正式确定组织与它们间的互利的关系。社会是组织运行的环境，所有者提供组织设立与运行的物质基础，员工是组织运行的内在条件，顾客是组织维持持续运行的动力，供方是组织良好运行的支持。如果互利关系中少了一方，组织赖以生存与发展的基础就少了一根支柱。

应用本原则组织要开展的活动主要有：

- 识别并理解所有相关方的需求和期望。
- 使组织的宗旨、目标体现所有相关方的需求和期望。
- 在整个组织内进行沟通并实现所有相关方的需求和期望。

- 测量所有相关方的满意程度并据此采取相应的措施。

2.9.2 关注少数

关键是少数。组织应识别、确定起着关键作用的少数,并将它们确定为某项管理或某项管理体系的关注焦点。一般来说,找到了关键的少数,就是找到了工作的重点或需要优先解决的问题。

应用本原则组织要开展的活动主要有以下几个。

- 识别并确定关键的少数。组织应采用统计技术对最近收集的信息进行数据分析,找到关键的少数,并正式表述。
- 将关键的少数确定为关注焦点。关键的少数,就是组织的某方面或层次当前应优先解决的问题,即关键的少数所在方面或层次当前的关注焦点。
- 采取措施,解决这些关键的少数。
- 测量、评价措施实施的结果,找出下一步的关键的少数。

2.9.3 适应科技

科学技术是第一生产力。组织应及时采用适合组织的先进的设备、技术、管理等,使用具有超前意识的管理人员和合格的员工,以提高组织的素质和竞争力。科学技术的发展和新管理理论的应用,会促进生产力的发展。

应用本原则组织要开展的活动主要有:

- 进行科学分工。包括人员、行业、工种、过程等不同类型、层次的分工,这是理顺关系、明确职责的基础,是熟练操作、减少辅助时间、提高效率的基础,是高质量、大规模生产的基础。
- 采用先进的设备和技术。
- 采用先进标准,制定富有挑战性的目标。
- 采用先进的管理技术。管理能理顺关系、明确职责,有效的管理是有效重复、高质量、高效率的保证。其实,管理也是生产力。

议一议

质量管理基本原则有哪些？又该如何选择？

课后训练

巩固练习训练：

1. 组织要生存与发展就必须始终关注（　　），以了解他（它）未来的需求。
   A. 领导者　　　　B. 顾客　　　　C. 商品　　　　D. 员工

2. 组织的质量管理活动主要包括制定质量方针和目标、规定职责、建立体系、实现（　　）和改进等。
   A. 策划控制　　　B. 强化验收　　C. 技术复核　　D. 验评分离

3. 有关"适用性"质量的说法，其实质是指从（　　）角度理解质量。
   A. 符合标准　　　B. 顾客使用　　C. 综合绩效　　D. 技术规范

4. 在质量管理中，致力于制定质量目标并规定必要的运行过程和相关资源以实现质量目标的活动是（　　）。
   A. 质量策划　　　B. 质量控制　　C. 质量保证　　D. 质量改进

5. 产品质量有一个产生、形成和实现的过程，每个环节或多或少影响最终产品质量，因此需要控制影响产品质量的所有环节和因素，这反映了全面质量管理的（　　）的质量管理思想。
   A. 全组织　　　　B. 全员　　　　C. 全过程　　　D. 全方位

6. 组织文化（或企业文化）是组织在长期生存和发展过程中形成的，为本组织所特有，且为组织多数成员共同遵循的使命、愿景、价值观等的总和，及它在组织活动中的反映。一般将它划分为精神层、制度层和物质层三个层次。以下属于组织文化中精神层的是（　　）。
   A. 核心价值观　　B. 生产规范　　C. 厂容厂貌　　D. 企业标识

7. 以下关于过程的描述，错误的是（　　）。
   A. 企业所有的活动，如营销、生产、检验等都可以看成是过程
   B. 过程应该是增值的，若某个过程对顾客或组织没有价值，理论上它就没有存在的必要
   C. 企业所有的活动是由过程网络构成，这些过程需要系统地识别和管理

D. 企业所有的过程都需要识别，但有的过程可以不去控制

8. 组织的方针目标应通过层层分解，展开成部门、车间、班组和全体员工的奋斗目标，这种自上而下逐级展开，可运用以下（　　）工具。

A. 矩阵图　　　　B. 系统图　　　　C. 树图　　　　D. 鱼刺图

9. 某中华老字号一直恪守"炮制虽繁必不敢省人工，品味虽贵必不敢减物力"的祖训。从企业文化角度，这个祖训即是该老字号的（　　）。

A. 使命　　　　B. 愿景　　　　C. 核心价值观　　　　D. 经营目标

项目 3
ISO9000 族标准

课程目标

知识目标
- 了解ISO9000族标准
- 掌握IOS 9000族标准的内容
- 熟悉ISO9000族标准的特点

能力目标
- 能够将ISO9000族标准运用到实际生活中
- 能够利用ISO9000族标准的特点服务不同行业

导读

通过本专题的学习，将了解到管理体系的国际标准，以及我国是如何运用ISO9000族标准进行企业管理的。ISO9000族标准促进世界标准化及其相关活动的发展，促进商品和服务的国际交换，促进世界各国在智力、科学、技术和经济领域开展合作。ISO9000族标准是一个非常重要的概念，此知识能为以后参与企业管理提供重要的理论支撑、实践指导。

问题引入

企业通常会采用一套质量管理体系标准。为了更好地使顾客满意，从而使企业获得更好的经济效益，企业一般采用的是哪种标准呢？这种标准有何特点和意义？

任务3.1
ISO9000族标准

ISO9000族标准是指"由国际标准化组织质量管理和质量保证技术委员会（ISO/TC176）制定的所有国际标准"。ISO9000族标准是国际标准化组织（英文缩写为ISO）于1987年制定，后经不断修改完善而成的系列标准。现已有90多个国家和地区将此标准等同转化为国家标准。该标准族可帮助组织实施并有效运行质量管理体系，是质量管理体系通用的要求或指南。它不受具体的行业或经济部门限制，可广泛适用于各种类型和规模的组织，在国内和国际贸易中促进相互理解。

议一议

现行 ISO9000 族标准的核心标准中,表述质量管理体系基础知识并规定质量管理体系术语的标准是什么?

任务3.2
认识ISO

ISO 是一个组织的英语简称。其全称是 International Organization for Standardization,翻译成中文就是"国际标准化组织"。ISO 是世界上最大的国际标准化组织,它成立于 1947 年 2 月 23 日,它的前身是 1928 年成立的"国际标准化协会国际联合会"(简称 ISA)。IEC 为"国际电工委员会",1906 年在英国伦敦成立,是世界上最早的国际标准化组织。IEC 主要负责电工、电子领域的标准化活动。而 ISO 负责除电工、电子领域之外的所有其他领域的标准化活动。

ISO 宣称它的宗旨是"在世界上促进标准化及其相关活动的发展,以便于商品和服务的国际交换,在智力、科学、技术和经济领域开展合作"。ISO 现有 200 多个成员。ISO 的最高权力机构是每年一次的"全体大会",其日常办事机构是中央秘书处,设在瑞士的日内瓦。

查一查

查阅资料,了解 ISO9000 族标准的主要功能。

任务3.3
ISO9000族标准的产生

ISO9000族质量管理体系国际标准是运用目前先进的管理理念以简明标准的形式推出的实用管理模式,是当代世界质量管理领域的成功经验的总结。

世界上最早的质量保证标准是20世纪50年代末在采购军用物资过程中,美国发布的MIL-Q-9858A《质量大纲要求》。20世纪70年代,美、英、法、加拿大等国先后颁布了一系列质量管理和保证方面的标准。为了统一各国质量管理活动,同时持续提高提供产品的组织的质量管理体系,国际标准化组织1979年成立了质量管理和质量保证技术委员会,1986～1987年,发布了ISO9000系列标准,它包括6项标准:ISO8402《质量——术语》标准,ISO9000《质量管理和质量保证标准——选择和使用指南》,ISO9001《质量体系——设计开发、生产、安装和服务的质量保证模式》,ISO9002《质量体系——生产和安装的质量保证模式》,ISO9003《质量体系——最终检验和试验的质量保证模式》,ISO9004《质量管理和质量体系要素——指南》。目前,已经有150多个国家和地区将ISO9000族标准等同采用为国家标准。

国际标准化组织对9000族系列标准进行"有限修改"后,于1994年正式颁布实施ISO9000族系列标准,即94版。在广泛征求意见的基础上,又启动了修订战略的第二阶段,即"彻底修改"。1999年11月提出了2000版ISO/DIS9000、ISO/DIS9001和ISO/DIS9004国际标准草案。此草案经充分讨论并修改后,于2000年12月15日正式发布实施。ISO规定自正式发布之日起三年内,94版标准和2000版标准将同步执行,同时鼓励需要认证的组织,从2001年开始可按2000版申请认证。

 议一议

ISO9000族标准的核心标准是什么?

任务3.4 ISO9000族标准在中国的应用

1987年3月ISO9000系列标准正式发布以后,我国在原国家标准局部署下组成了"全国质量保证标准化特别工作组"。1988年12月,我国正式发布了等效采用ISO9000标准的GB/T10300《质量管理和质量保证》系列国家标准,并于1989年8月1日起在全国实施。

1992年5月,我国决定等同采用ISO9000系列标准,发布了GB/T19000—1992系列标准。

1994年我国发布了等同采用1994版ISO9000族标准的GB/T19000族标准。

2000年至2003年我国陆续发布了等同采用2000版ISO9000族标准的国家标准,包括:GB/T19000、GB/T19001、GB/T19004和GB/T19011标准。

2008年我国根据ISO9000:2005、ISO9001:2008版的发布,同时也修订发布了GB/T19000—2008、GB/T19001—2008标准。

 做中学

分小组调查我国采用的ISO9000:2005与ISO9001:2008版的不同之处。

任务3.5 ISO9000族标准的内容

一般地讲组织活动由三方面组成:经营、管理和开发。在管理上又主要表现为行政管理、财务管理、质量管理等。ISO9000族标准主要针对质量管理,同时涵盖了部分行政管理和财务管理的范畴。

ISO9000族标准并不是产品的技术标准,而是针对组织的管理结构、人员、技术能力、各项规章制度、技术文件和内部监督机制等一系列体现组织保证产品及服务质量的管理措施的标准。

具体地讲 ISO9000 族标准在以下四个方面规范质量管理：
- 机构：标准明确规定了为保证产品质量而必须建立的管理机构及职责权限。
- 程序：组织必须制定规章制度、技术标准、质量手册、质量体系操作检查程序，并使之文件化。
- 过程：质量控制是对生产的全部过程加以控制，是面的控制，不是点的控制。从根据市场调研确定产品、设计产品、采购原材料，到生产、检验、包装和储运等，其全过程按程序要求控制质量，并要求过程具有标识性、监督性、可追溯性。
- 总结：不断地总结、评价质量管理体系，不断地改进质量管理体系，使质量管理呈螺旋式上升。

想一想

认证机构中认定产品合格的标准是什么？

任务3.6 进行ISO9000质量管理体系认证的意义

企业组织通过 ISO9000 质量管理体系认证具有如下意义：
- 可以完善组织内部管理，使质量管理制度化、体系化和法制化，提高产品质量，并确保产品质量的稳定性；
- 表明尊重消费者权益和对社会负责，增强消费者的信赖，使消费者放心，从而放心地采用组织生产的产品，提高产品的市场竞争力，并可借此机会树立组织的形象，提高组织的知名度；

- ISO9000质量管理体系认证有利于发展外向型经济，扩大市场占有率，是政府采购等招投标项目的入场券，是组织向海外市场进军的准入证，是消除贸易壁垒的强有力的武器；
- 通过ISO9000质量管理体系的建立，可以举一反三地建立健全其他管理制度；
- 通过ISO9000认证可以一举数得，非一般广告投资、策划投资、管理投资或培训可比，具有综合效益，还可享受国家的优惠政策及对获证单位的重点扶持。

ISO9000族标准的推行，与我国实行的现代企业改革具有十分强烈的相关性。两者都是从制度上、体制上、管理上入手改革，不同点在于前者处理组织的微观环境，后者侧重于组织的宏观环境。由此可见，ISO9000族标准非常适宜我国国情。因此，国家明文规定"九五"期间全面推行ISO9000族标准。

ISO9000族标准认证，也可以理解为质量管理体系注册，就是由国家批准的、公正的第三方机构——认证机构，依据ISO9000族标准，对组织的质量管理体系实施评价，向公众证明该组织的质量管理体系符合ISO9000族标准，有能力提供合格产品，公众可以相信该组织的服务承诺和组织的产品质量的一致性。

ISO9000族标准不仅在全部发达国家推行，发展中国家也正在逐步加入到此行列中来，ISO已成为一个名副其实的技术上的世界联盟，形成这种情况的原因，除上述提到的它能给组织带来的巨大的实际利益之外，更为深刻的原因在于ISO9000族标准是人类文明发展过程中的必然之物。因此，在一个组织或一个国家实行ISO9000族标准并非是一个外部命令，而是现代组织的内在要求。

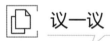

议一议

当地知名企业中有哪些企业在使用ISO9000质量管理体系？

任务3.7
实施ISO9000族标准的意义

ISO9000族标准是在总结世界发达国家的质量管理实践经验的基础上制定

的具有通用性和指导性的国际标准。实施 ISO9000 族标准，可以促进组织质量管理体系的改进和完善，对开展国际经济贸易活动、消除贸易技术壁垒、提高组织的管理水平都能起到良好的促进作用。概括起来，实施 ISO9000 族标准具有以下几方面的作用和意义：

（1）有利于提高产品质量，保护消费者权益

现代科学技术的高速发展，使产品向高科技、多功能、精细化和复杂化发展。组织是按照技术规范生产产品的，但当技术规范本身不完善或组织质量管理体系不健全时，组织就无法保证持续地提供满足要求的产品。而消费者在购买或使用这些产品时，一般也很难对产品质量加以鉴别。如果组织按 ISO9000 族标准建立了质量管理体系，通过体系的有效应用，促进组织持续地改进产品特性和过程的有效性和效率，实现产品质量的稳定和提高，这无疑是对消费者权益的一种最有效的保护，同时也可增加消费者（采购商）在选购产品时对合格供应商的信任程度。

（2）为提高组织的运作能力提供了有效的方法

ISO9000 族标准鼓励组织在建立、实施和改进质量管理体系时采用过程方法，通过识别和管理相互关联和相互作用的过程，以及对这些过程进行系统的管理和连续的监测与控制，以实现持续地向顾客提供满意的产品的目的。此外，质量管理体系提供了持续改进的框架，帮助组织不断地识别并满足顾客及其他相关方的要求，从而不断地提升顾客和其他相关方的满意程度。因此，ISO9000 族标准为组织有效提高运作能力和增强市场竞争能力提供了有效的方法。

知识补充

ISO9000 族标准发展新动向

根据 ISO/TCI76 提出的未来发展设想，ISO9000 族标准在未来的发展中，其结构将可能发生重大变化，以便提高标准使用的灵活性，更好地适用于各种规模和性质的组织，扩大标准在不同行业的应用范围。如：ISO9001、ISO9003 合并为 ISO9001，ISO9000—2、ISO9000—3、ISO9004—2、1SO9004—3 归到 ISO9004—1，ISO10005、ISO10007 归到 ISO9004—1，ISO10013～ISO10016 归到 ISO9004—1 或作为技术报告，ISO10011 和 ISO10012 仍作为单独的标准。还有一些标准将以宣传引导性的小册子或使用手册或以技术委员会报告的形式出

现。总之，未来的ISO9000族标准的新结构将是以ISO9001和ISO9004两个标准为核心，包括少量的支持性标准。

（3）有利于促进国际贸易，消除技术壁垒

在国际经济技术合作中，ISO9000族标准被作为相互认可的基础，ISO9000的质量管理体系认证制度也在国际范围中得到互认，并纳入合格评定的程序之中。技术壁垒协定（TBT）是世界贸易组织（WTO）达成的一系列协定之一，它涉及技术法规、标准和合格评定程序。贯彻ISO9000族标准为国际经济技术合作提供了国际通用的共同语言和准则，取得质量管理体系认证，已成为参与国内和国际贸易、增强竞争能力的有力武器。因此，贯彻ISO9000族标准对消除技术壁垒、排除贸易障碍起到了十分积极的促进作用。

（4）有利于组织的持续改进和持续满足顾客的需求和期望

顾客要求产品具有满足其需求和期望的特性，这些需求和期望在产品的技术要求或规范中表述。但是顾客的需求和期望是不断变化的，这就促使组织要持续地改进产品的特性和过程的有效性。而质量管理体系就为组织持续改进其产品和过程提供了一条行之有效的途径。ISO9000族标准将质量管理体系要求和产品要求区分开来，它不是取代产品要求，而是把质量管理体系要求作为对产品要求的补充，这样有利于组织的持续改进和持续满足顾客的需求和期望。

（5）有利于企业实现高效益运作

ISO9000系列标准是对企业质量保证体系的一个基本要求，取得认证是产品进入市场的前提条件，但并不能保证产品具有市场竞争力。因此企业应该在贯彻ISO9000系列标准的情况下进一步开展全面质量管理，以市场用户需求为上，全员参与管理进行持续的质量改进，这样企业才能在市场上具有竞争力。质量管理的本质特征是质量改进，ISO9000系列标准是依据标准进行质量控制，是被动式的，它只告诉你做什么，并没告诉你如何去做。达到ISO9000系列标准是实施全面质量管理的基础，是企业的义务。

认真贯彻ISO9000系列标准对强化质量体系是必要的。它为企业提供了多种质量保证模式，企业可对风险、成本和利益进行全面的考虑和平衡，系统地考虑产品设计的复杂性、设计成熟程度、制造复杂性、技术性、安全性和经济性等因素，从中选择一个合适的质量保证模式，以便实现全面质量管理。它要求有完整的文件化的质量体系，是对全面质量管理的规范化，是全面质量管理的基础工作，对技术和管理提供补充，是产品出口的必要条件。

综上所述，ISO9000系列标准推动了全面质量管理在企业中的应用，为企业抢占市场打下了坚实的基础。企业只要以贯彻标准为基础，以实施全面质量管理为根本，坚持"始于教育，终于教育"的贯标思想，把贯标有效、合理地应用到全面质量管理中去，一定能够让企业实现高效益运作。

议一议

上网查找ISO9001与ISO9000标准的联系和区别。

任务3.8 ISO9001标准的主要变化

（1）思路和结构上的变化

① 把过去三个外部保证模式ISO9001、ISO9002、ISO9003合并为ISO9001标准，允许通过裁剪适用不同类型的组织，同时对裁剪也提出了明确严格的要求。

② 把过去按20个要素排列，改为按过程模式重新组建结构，其标准分为管理职责，资源管理，产品实现，测量、分析和改进四大部分。

③ 引入PDCA戴明环❶闭环管理模式，使持续改进的思想贯穿整个标准，要求质量管理体系及各个部分都按PDCA循环，建立实施持续改进结构。

（2）新增加的内容

- 以顾客为关注焦点；
- 持续改进；
- 质量方针与目标要细化、要分解落实；
- 强化了最高管理者的管理职责；

---

❶ PDCA戴明环是全面质量管理的思想基础和方法依据。它将质量管理分为四个阶段，即Plan（计划）、Do（执行）、Check（检查）和Act（处理）。

- 增加了内外沟通；
- 增加了数据分析；
- 强化了过程的测量与监控。

? 想一想

ISO9001 标准还有哪些变化？

任务3.9
ISO9001标准的特点

- 通用性强，94 版 ISO9001 标准主要针对硬件制造业，新标准同时适用于硬件、软件、流程性材料和服务等行业。
- 更先进、更科学，总结补充了组织质量管理中一些好的经验，突出了八项质量管理原则。
- 对 94 版标准进行简化，简单好用。
- 提高了同其他管理的相容性，例如同环境管理、财务管理的兼容。
- ISO9001 标准和 ISO9004 标准作为一套标准，互相对应，协调一致。

 议一议

ISO9000 标准和 ISO9001 标准，哪一套标准适用范围更广？

 课后训练

小组合作开展训练，调查并了解 ISO9000 族标准，完成以下操作。

一、调查了解 ISO 族标准的发展历程

小组合作，组内合理分工，完成以下调查任务。

（1）收集调查发达国家ISO9001族标准发展的历程。

（2）调查国内实施ISO族标准的主要行业。

二、调查当地知名企业的发展，了解该企业的管理情况

根据以上调查、讨论结果，组内分工，完成以下任务。

（1）你选择调查的企业是：＿＿＿＿＿＿＿＿＿＿＿＿＿＿＿＿＿＿＿

（2）此企业近几年发展现状如何？＿＿＿＿＿＿＿＿＿＿＿＿＿＿＿＿

＿＿＿＿＿＿＿＿＿＿＿＿＿＿＿＿＿＿＿＿＿＿＿＿＿＿＿＿＿＿＿＿＿＿＿

（3）企业是否已使用ISO9001标准？若已使用，ISO9001标准为企业带来什么样的改变？若尚未使用，需要使用ISO9001标准的理由是什么？＿＿＿＿＿

＿＿＿＿＿＿＿＿＿＿＿＿＿＿＿＿＿＿＿＿＿＿＿＿＿＿＿＿＿＿＿＿＿＿＿

＿＿＿＿＿＿＿＿＿＿＿＿＿＿＿＿＿＿＿＿＿＿＿＿＿＿＿＿＿＿＿＿＿＿＿

三、交流体会

各小组成员组内交流讨论自己的体验，并选派代表在班级中交流。

（1）结合自身体验，谈谈在进行调查时，你最担心的问题是什么？你有没有好的解决措施？＿＿＿＿＿＿＿＿＿＿＿＿＿＿＿＿＿＿＿＿＿＿＿＿＿

＿＿＿＿＿＿＿＿＿＿＿＿＿＿＿＿＿＿＿＿＿＿＿＿＿＿＿＿＿＿＿＿＿＿＿

（2）结合自身体验，谈谈ISO9001族标准给企业带来的益处有哪些？＿＿

＿＿＿＿＿＿＿＿＿＿＿＿＿＿＿＿＿＿＿＿＿＿＿＿＿＿＿＿＿＿＿＿＿＿＿

（3）目前国内运用ISO9001族标准的行业有哪些？＿＿＿＿＿＿＿＿＿＿

四、教师点评

＿＿＿＿＿＿＿＿＿＿＿＿＿＿＿＿＿＿＿＿＿＿＿＿＿＿＿＿＿＿＿＿＿＿＿

＿＿＿＿＿＿＿＿＿＿＿＿＿＿＿＿＿＿＿＿＿＿＿＿＿＿＿＿＿＿＿＿＿＿＿

项目 4
质量管理的常用方法

课程目标

知识目标
- 了解质量管理的常用方法
- 掌握每个常用方法的具体内涵
- 熟悉每个方法的特点

能力目标
- 能够运用质量管理的常用方法来进行实际操作
- 能够分析各种因素对产品质量的影响

导读

质量管理是决定企业效率的关键环节。如何解决质量问题，是企业管理的核心命题，需要作出大量努力。而其中一个关键，就是要让更多一线管理者熟悉和掌握质量管理的基本方法。

本项目的学习，将引导学生深入社会实践、关注现实问题，帮助学生掌握质量管理的常用方法，培养懂质量、讲质量、用质量的质量管理人才。

问题引入

一名资深汽修工人，总是在工位上绘制一些图进行数据比对分析。外行人自然不清楚这是在干什么，也看不懂图纸上的内容。那么，这究竟是什么图呢？是用来干什么的？又是怎样操作的呢？

任务4.1 分组法

分组法是把收集到的数据按照不同的目的、标志进行分类，把性质相同、生产条件相同的数据归为一类，找到影响质量的原因和责任者，对症下药。它是加工整理数据的一种重要方法，也是分析影响质量原因的一种基本方法。常用的分类关键词有：操作者、设备、材料、操作方法、时间、检验手段、环境等。

想一想

哪一种因素对分组法最后的分析结果影响最大？

任务4.2 直方图法

直方图是表现数据分布的一种图形，用于工序的质量控制。直方图法就是把从生产工序收集得来的数据整理后，分成若干组，画出以组距为底边、以频数为高度的一系列连起来的矩形图。通过对直方图进行观察，可以分析、判断和预测生产工序的精度、工序质量及其变化，并根据质量特性分布情况，进行适当的调整。

对直方图进行观察时，主要应注意图形的整体形状。一般来说，直方图以中间为顶峰，左右对称地分散呈正态分布时，说明状况比较正常。如果不是这样，呈现锯齿形、偏向形、孤岛形、双峰形、平顶形等畸形分布状态，就须分析原因，采取措施改正。正常型和偏向型直方图如图 4-1 所示。

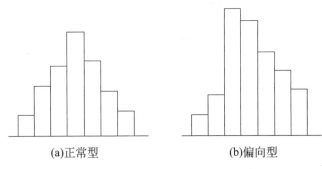

图 4-1 两种不同的直方图

 做中学

统计直方图在实际工作中的主要应用，并将统计结果交与小组长。

 知识补充

常用绘制软件：

① Excel　Excel 有强大的制作表格功能、计算功能和数据管理功能，可用来作预算、作账单、作报表、作计划跟踪等。

② SPSS　SPSS 的基本功能包括数据管理、统计分析、图表分析、输出管理

等等。SPSS统计分析过程包括描述性统计、均值比较、一般线性模型、相关分析、回归分析、对数线性模型、聚类分析、数据简化、生存分析、时间序列分析、多重响应等几大类，每类中又分好几个统计过程，比如回归分析中又分线性回归分析、曲线估计、Logistic回归、Probit回归、加权估计、两阶段最小二乘法、非线性回归等多个统计过程，而且每个过程中又允许用户选择不同的方法及参数。SPSS也有专门的绘图系统，可以根据数据绘制各种图形。

③ SAS　SAS的特点是功能强大，统计方法齐全；使用简便，操作灵活；提供联机帮助功能。

④ MATLAB　MATLAB具有高效的数值计算及符号计算功能，能使用户从繁杂的数学运算分析中解脱出来；具有完备的图形处理功能，实现计算结果和编程的可视化；拥有友好的用户界面及接近数学表达式的自然化语言，使学者易于学习和掌握；拥有功能丰富的应用工具箱（如信号处理工具箱、通信工具箱等），为用户提供了大量方便实用的处理工具。

任务4.3
排列图法

排列图又称主次因素图，是把质量数据按照影响质量的各种原因分组，计算各种因素对产品质量的影响程度，并按影响程度的大小为序，列表作图，以便分清主次因素，确定管理工作的重点。

排列图由一个横坐标、两个纵坐标、几个直方柱和一条曲线组成。横坐标表示影响产品质量的各种因素；左边的纵坐标表示对产品质量影响的绝对数。通常把影响产品质量的因素分为三类。累计百分数为80%以下的几个因素称为A类因素，他们是主要因素；累计百分数在80%~90%的那些因素称为B类因素，属于一般因素；累计百分数在90%~100%的这些因素称为C类因素，是次要因素。在很多情况下，累计百分数在80%以下的因素只有两三个，甚至一两个，集中力量解决这些因素，可以大大提高产品质量。

排列图可以不止一张，根据第一张排列图找出的主要因素再进一步收集数据，为这个主要因素做排列图，分析这个主要因素又是受哪些因素影响，以及各类因素的影响程度。以此类推还可以画第三张、第四张排列图。原因分析得越具体，越能针对原因采取措施。

 知识补充

绘制排列图的步骤：

步骤一　收集一定时期的质量数据；

步骤二　把收集的数据进行分类；

步骤三　整理数据，做排列计算表。按分类项目统计频数，计算频数和累计频率，并列表示。频率很小的项目可以合并为"其他"排在最后。

任务4.4
相关图法

相关图是一个平面坐标图，横坐标代表需要分析的因素，纵坐标代表产品的质量特征，把实际测得的质量数据依次用"点"画在图上，从"点"的分布是否集中，以及分布的趋势可以分析该因素与产品质量之间有无相关关系以及相关的程度。

产品质量与影响产品质量的因素之间常常有一定的依存关系，但它们之间又不是一种严格的函数关系，即不能由一个变量的数值精确地求出另一个变量的数值，这种依存关系称为相关关系。分析因素与结果之间的相关关系，并自觉地运用这种关系，对提高产品质量有很大作用。

 知识补充

两个变量的相关类型

在相关图中，两个要素之间可能具有非常强烈的正相关，或者弱的正相关。这些都体现了这两个要素之间不同的因果关系。一般情况下，两个变量之间的相关类型主要有六种：强正相关、弱正相关、不相关、强负相关、弱负相关以及非线性相关，如图4-2所示。

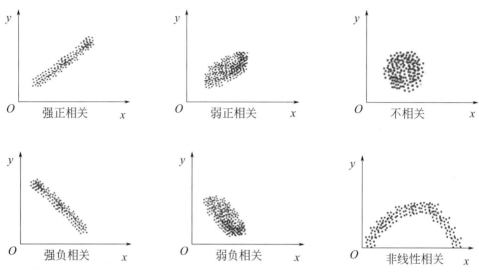

图4-2 两个变量的六种相关类型

任务4.5
因果分析图法

因果分析图是由许多大小不同的箭头组成，图的中间是一条粗的箭头，表示结果，也就是需要分析原因的某一质量特性；粗箭头两旁有若干个大箭头，表示人、机器、材料、方法等几方面的因素，每一箭头的两旁又有若干小箭头，分别表示这一方面的具体因素；如果还有更具体因素，再分别以更小的箭头表示。由于图的形状像鱼刺、树枝，因此因果分析图又被称为鱼刺图或者树枝图。

因果分析图的特点在于能够全面地反映影响产品质量的因果关系，而且层次分明，人们可以从中得知某一种原因是通过什么途径影响结果的。借助这种图可以追根溯源，找出真正的原因，便于对症下药采取措施。因果分析图虽然能够全面地展现影响质量的因果关系，却不能确切地反映各种因素对质量的影响程度。大的原因不一定是主要原因，小的原因可能是关键问题。要进一步测定各种因素对产品质量的影响程度，还需要用排列图和相关图来补充。

> **? 想一想**
>
> 因果分析图适用于什么类型的产品质量管理？

任务4.6 控制图法

控制图是利用图表形状来反映生产过程中的波动状况，并据此对生产过程进行分析、监督、控制的一种工具，它是用于分析和判断工序是否处于稳定状态的带有控制界限的一种图表。

对于生产工序有两个基本要求：一是在生产过程中要有足够的精度；二是生产过程应保证稳定而正常，即处于控制状态和实现管理目标化。前者可用直方图法来判断并调整，后者则用控制图法来解决。控制图的内容包括两部分：标题部分和控制图的部分。

标题部分：包括工厂、车间、小组的名称，工作地的名称编号，零件、工序的名称编号，检验部位、要求，测量器具，操作工、调整工、检验员的姓名及控制图的名称编号等。

控制图的部分：在纸上取横坐标和纵坐标，横坐标为取样组号和取样的时间，纵坐标为测得的质量特性值。图上有与横坐标平行的三条线，中间一条线叫中心线，用实线来表示。最上面一条虚线叫上控制线，最下面一条虚线叫下控制线。在生产过程中，定期地抽样，测量各样品的质量特性值，将测得的数据用"点"描在图上。如果"点"落在控制界限之内，"点"的排列无缺陷，则表明生产工序处于受控状态，过程正常，不会产生废品。如果"点"越出了控制界限，或"点"虽未跳出控制界限，但"点"的排列有缺陷，则表明生产条件发生了较大的变化，要出问题。这是个信号，应采取措施，使生产过程恢复正常。

> **做中学**
>
> 绘制一幅车间控制图,请注意数据的准确性。

任务4.7 关联图法

关联图是表示事物依存或因果关系的连线图(图 4-3)。把与事物有关的各环节按相互制约的关系连成整体,从中找出解决问题的入手点。关联图用于分析含有相互缠绕、相互牵连的复杂因素的问题,寻找、发现内在的因果关系,找出解决问题的措施。关联图的箭头,只反映逻辑关系,不代表工作顺序,一般是从原因指向结果,从手段指向目的。关联图可用于以下方面:

- 制定质量管理的目标、方针和计划。
- 分析产生不合格品的原因。
- 制定质量故障的对策。
- 规划质量管理小组活动的开展。
- 研究满足用户需求、减少索赔的措施。

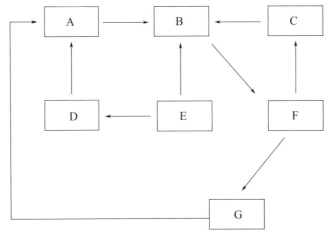

图 4-3 关联图

4.7.1 关联图的优缺点

关联图的优点：
- 从整体出发，从混杂、复杂中找出重点；
- 明确相互关系，并加以协调；
- 把个人的意见、看法记入图中；
- 多次绘图，了解主要矛盾、核心问题；
- 不断绘图，预测未来。

关联图的缺点：
- 同一问题，图形、结论可能不一致；
- 表达不同，箭头有时与原意相反；
- 比较费时间；
- 开头较难。

议一议

小组议一议关联图法。

（1）关联图法还有哪些优缺点？＿＿＿＿＿＿＿＿＿＿＿＿＿＿＿＿＿
＿＿＿＿＿＿＿＿＿＿＿＿＿＿＿＿＿＿＿＿＿＿＿＿＿＿＿＿＿＿＿＿＿

（2）关联图法更适合解决哪些难题？＿＿＿＿＿＿＿＿＿＿＿＿＿＿＿
＿＿＿＿＿＿＿＿＿＿＿＿＿＿＿＿＿＿＿＿＿＿＿＿＿＿＿＿＿＿＿＿＿

4.7.2 绘制关联图的步骤

绘制关联图的步骤如下：

步骤一　提出与问题有关的各种因素。
步骤二　用简明而确切的文字加以表示。
步骤三　把因素之间的因果关系，用箭头符号作出逻辑上的连接（不表示顺序关系，而是表示一种相互制约的逻辑关系）。
步骤四　根据图形，进行分析讨论，检查有无不够确切或遗漏之处，复核和认可上述各种因素之间的逻辑关系。

步骤五　指出重点，确定从何处入手来解决问题，并拟定措施计划。

在绘制关联图时，箭头的指向是有一定规则的，通常是：

- 对于各因素间的关系是原因—结果型的，则是从原因指向结果（原因→结果）。
- 对于各因素间的关系是目的—手段型的，则是从手段指向目的（手段→目的）。

议一议

结果型和手段型这两种关系的关联图，哪一种在生活中使用得更频繁？

4.7.3　关联图的绘制形式

（1）中央集中型的关联图

它是尽量把重要的项目或要解决的问题安排在中央位置，把关系最密切的因素尽量排在它的周围。

（2）单向汇集型的关联图

它是尽量把重要的项目或要解决的问题安排在右边（或左边），把各种因素按从主要因果关系到次要因果关系的顺序，从左（或右）向右（或左）排列。

（3）关系表示型的关联图

它是以各项目间或各因素间的因果关系为主体的关联图。

（4）应用型的关联图

它是以以上三种图形为基础而使用的图形。

4.7.4　关联图与因果图的主要区别

因果图以研究因素对质量之间纵向的关系为主，以质量问题为主干，对影响因素逐项整理出它们之间的关系；而关联图是以分析因素之间横向关系为主，找出各因素之间的关联程度，从而达到解决质量问题的目的。关联图与因果图的区别如表 4-1 所示。

表4-1 关联图与因果图的主要区别

因果图	关联图
只限因果关系	一切关系,从整体部署,全局观点
只限一个问题,箭头方向一致	多个问题,箭头方向不定,并可扩散
箭头不可逆,一因素一箭头	箭头可逆,一因素,可多箭头
短期,基本不变	动态,不断变化
一般措施前、后各绘制一次	多次分析研究绘制
措施不绘入	多考虑措施及因素

? 想一想

如何正确使用关联图来快速找出问题的核心部分?

任务4.8 KJ法

KJ法是日本川喜二郎提出的。"KJ"二字取的是川喜英文姓名的第一个字母。这是一种从错综复杂的现象中,用一定的方式来整理思路、抓住思想实质、找出解决问题新途径的方法。

KJ法不同于统计方法(参见表4-2),统计方法强调一切用数据说话,而KJ法则主要靠事实说话、靠灵感发现新思想、解决新问题。KJ法认为许多新思想、新理论往往是灵机一动、突然发现。但应指出,统计方法和KJ法的共同点,都是从事实出发,重视根据事实考虑问题。

表4-2 KJ法与统计方法的不同点

序号	统计方法	KJ法
1	验证假设型	发现问题型
2	现象数量化,收集数值性资料(数据)	不需数量化,收集语言、文字类的资料(现象、意见、思想)

续表

序号	统计方法	KJ法
3	侧重于分析	侧重于综合
4	用理论分析（数理统计理论分析）	凭灵感归纳问题

KJ法一般用于以下情况：
- 认识新事物（新问题、新办法）。
- 整理归纳思想。
- 从现实出发，采取措施，打破现状。
- 提出新理论，进行根本改造，"脱胎换骨"。
- 促进协调，统一思想。
- 贯彻上级方针，使上级的方针变成下属的主动行为。

按照KJ法去做，至少可以锻炼人的思考能力。

KJ法的工作步骤：

① 确定对象（或用途）。KJ法适用于解决那种非解决不可，且又允许用一定时间去解决的问题。对于要求迅速解决、"急于求成"的问题，不宜用KJ法。

② 收集语言、文字资料。收集时，要尊重事实，找出原始思想（"活思想""思想火花"）。

收集这种资料的方法有三种：一是直接观察法，即到现场去看、听、摸，吸取感性认识，从中得到某种启发，立即记下来。二是面谈阅览法，即通过与有关人谈话、开会、访问，查阅文献，使用"头脑风暴"法来收集资料。"头脑风暴"法，类似于中国的"开诸葛亮会"，"眉头一皱，计从心来"。三是个人思考法，即通过个人自我回忆，总结经验来获得资料。

通常，应根据不同的使用目的对以上收集资料的方法进行适当选择，参见表4-3。

表4-3 KJ法中收集语言、文字资料的方法

使用目的	直接观察	面谈阅览	查阅文献	头脑风暴	回忆	检讨
认识新事物	◎	△	△	△	√	×
归纳思想	√	◎	√	√	√	◎
打破现状	◎	√	√	◎	◎	◎
脱胎换骨	△	◎	◎	×	√	√
参与计划	×	×	×	◎	√	√

续表

使用目的	直接观察	面谈阅览	查阅文献	头脑风暴	回忆	检讨
贯彻方针	×	×	×	◎	√	√

注：◎常用，√使用，△不大使用，×不使用。

例如，在应用KJ法想要收集语言、文字资料时，若要认识新事物，打破现状，就要用直接观察法；若要把收集到的感性资料，提高到理论的高度，就要查阅文献。

③ 把所有收集到的资料（包括"思想火花"）都写成卡片。

④ 整理卡片。对于这些杂乱无章的卡片，不是按照已有的理论和分类方法来整理，而是把自己感到相似的归并在一起，逐步整理出新的思路来。

⑤ 把同类的卡片集中起来，并写出分类卡片。

⑥ 根据不同的目的，选用上述资料片段，整理出思路，写出文章来。

? 想一想

KJ法在医药企业中应用行得通吗？在哪种企业中应用更有优势呢？请阐明观点，并说出理由。

任务4.9
系统图法

系统图法是指系统地分析、探求实现目标的最好手段的方法。在质量管理中，为了达到某种目的，就需要选择和考虑某一种手段，而为了采取这一手段，又需考虑它下一级的相应的手段。这样，上一级手段就成为下一级手段的行动目的。如此地把要达到的目的和所需要的手段按照系统来展开，按照顺序来分解，做出图形，就能对问题有一个全面的认识。然后，从图形中找出问题的重点，提出实现预定目的的最理想途径。它是系统工程理论在质量管理中的一种具体运用。系统图法示意图如图4-4所示。

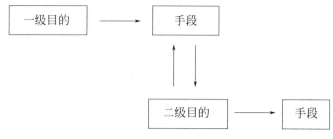

图 4-4 系统图法示意图

系统图法主要用于以下几方面：
- 在新产品研制开发中，应用于设计方案的展开。
- 在质量保证活动中，应用于质量保证事项和工序质量分析事项的展开。
- 应用于目标、实施项目的展开。
- 应用于价值工程的功能分析的展开。

系统图法的工作步骤如下：

步骤一　确定目的。

步骤二　提出手段和措施。

步骤三　评价手段和措施，决定取舍。

步骤四　把各种手段（或方法）都写成卡片。

步骤五　把目的和手段系统化。

步骤六　制定实施计划。

做中学

了解更多系统图的形式，并设计一幅酒店消防系统图。

任务4.10 矩阵图法

矩阵图法是指借助数学上矩阵的形式，把与问题有对应关系的各个因素列成一个矩阵图，然后，根据矩阵图的特点进行分析，从中确定关键点（或着眼点）的方法。这种方法，先把要分析的问题的因素，分为两大群（如 R 群和 L 群），把属于 R 群的因素（R1、R2…Rm）和属于因素群 L 的因素（L1、L2…Ln）分别排列成行和列。在行和列的交点上表示着 R 和 L 的各因素之间的关系，这种关系可用不同的记号予以表示（如用"○"表示"有关系"等）。图 4-5 为矩阵图法示意图。

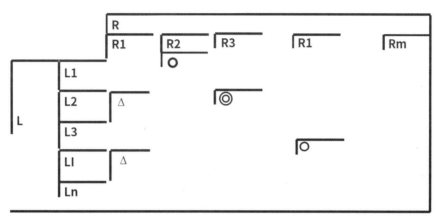

图 4-5　矩阵图法示意图
◎密切关系　○有关系　△好像有关系

这种方法，用于多因素分析时，可做到条理清楚、重点突出。它在质量管理中，可用于寻找新产品研制和老产品改进的着眼点，寻找产品质量问题产生的原因等。

 做中学

请用矩阵图法分析汽修厂常用工具套装新产品研制和老产品改进的着眼点。

任务4.11
矩阵数据分析法

矩阵数据分析法，与矩阵图法类似。它区别于矩阵图法的是，不是在矩阵图上填符号，而是填数据，形成一个分析数据的矩阵。

它是一种定量分析问题的方法。应用这种方法，往往需借助电子计算机来进行计算。

 查一查

查询定量分析的含义及运用方法？

任务4.12 过程决策程序图法

过程决策程序图法（Process Decision Program Chart，缩写为PDPC）是在制订计划阶段，对计划执行过程中可能出现的各种障碍及结果，作出预测，并相应地提出多种应变计划的一种方法。这样，在计划执行过程中，遇到不利情况时，仍能有条不紊地按第二、第三或其他计划方案将项目继续进行下去。

如图4-6所示，假定A0表示产品处于一个较高的不合格品率水平，计划通过采取种种措施，把不合格品率降低到Z水平。

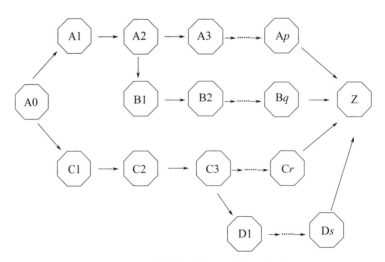

图4-6　过程决策程序图法示意图

先制定出将产品不合格率从 A0 降到 Z 的一系列活动计划，其中 A1、A2、A3…Ap 表示相关措施。在讨论中，考虑到技术上或管理上的原因，要实现措施 A3 有不少困难。于是，从 A2 开始制定出应变计划，即第二方案，经 A1、A2、B1、B2…Bq 到达 Z 目标。同时，还可以考虑同样能达到目标 Z 的 C1、C2、C3…Cr 或者 C1、C2、C3、D1……Ds 的另外两个系列的活动计划。这样，当前面的活动计划遇到问题，难以实现 Z 水平时，仍能及时采用后面的活动计划，达到 Z 的水平。

当在某点碰到事先没有预料到的问题时，就以此点为起点，根据新情况，重新考虑和制定新的活动计划，付诸实施，以求达到最终目标。

议一议

小组筛选一家当地企业，讨论要想在该企业实现措施 A3，具体会遇到哪些困难呢？

任务4.13 箭条图法

箭条图法，又称矢线图法。它是计划评审法在质量管理中的具体运用，是使质量管理的计划安排具有时间进度内容的一种方法。它有利于从全局出发，统筹安排，抓住关键线路，集中力量，按时甚至提前完成计划。

箭条图法的工作步骤：

步骤一　调查工作项目，把工作项目按先后次序，由小到大进行编号。

步骤二　用箭条"→"代表某项作业过程，如①→②等。箭杆上方可标出该项作业过程所需的时间，作业时间的单位常为日或周。

各项作业过程的时间的确定，可用经验估计法求出。通常，作业时间按三种情况进行估计：

- 乐观估计时间，用 a 表示；

- 悲观估计时间，用 b 表示；
- 正常估计时间，用 m 表示。则经验估计作业时间＝$(a+4m+b)/6$，这种经验估计法，又称三点估计法。

例如，对某一作业过程的时间进行估计，a 为 2 天，b 为 9 天，m 为 4 天。则用三点估计法求得的作业时间为 $(2+4×4+9)/6=5$（天）

步骤三　画出箭条图。某一箭条图如图4-7所示。

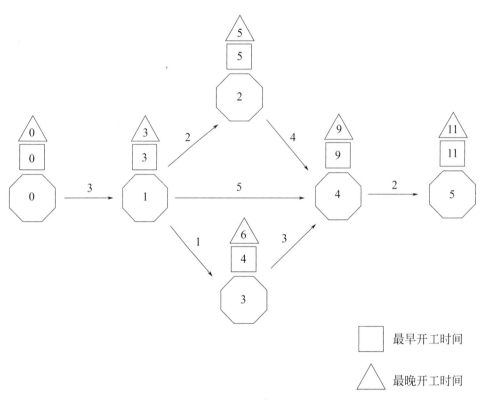

图4-7　箭条图

步骤四　计算每个结合点上的最早开工时间。某结合点上的最早开工时间，是指从起点开始顺箭头方向到该结合点的各条路线中，时间最长一条路线的时间之和。例如，图4-7中从起点到结合点④，就有三条路线（图4-8），这三条路线的时间之和，分别为9（天），8（天），7（天）［时间之和的计算方法分别为3+2+4=9（天），3+5=8（天），3+1+3=7（天）］。所以，结合点④的最早开工时间为9，通常可写在方框内表示。其他各结合点最早开工时间的计算同理。

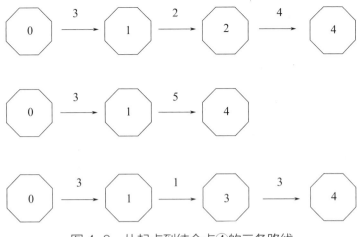

图 4-8 从起点到结合点④的三条路线

步骤五 计算每个结合点上的最晚开工时间。某结合点上的最晚开工时间，是指从终点逆箭头方向到该结合点的各条路线中时间差最小的时间，如图 4-7 中的结合点①。从终点到①有三条路线（图 4-9）。

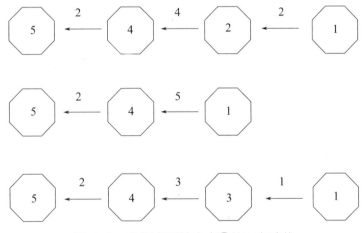

图 4-9 从终点到结合点①的三条路线

这三条路线的时间差，分别为 3（天），4（天），5（天）[时间差的计算方法分别为 11-2-4-2=3（天），11-2-5=4（天），11-2-3-1=5（天）]。所以，结合点①的最晚开工时间为 3 天。通常可将此数写在三角形内表示。其他各结合点的最迟开工时间计算同理。

步骤六 计算富余时间，找出关键线路。富余时间，是指在同一结合点上最早开工时间与最晚开工时间之间的时间差。有富余时间的结合点，对工程的进度影响不大，属于非关键工序。无富余时间或富余时间最少的结合点，就是关键工序。把所有的关键工序按照工艺流程的顺序连接起来，就是这项工程的关键路线。如图 4-7 中⓪→①→②→④→⑤就是关键路线。

复习知识

质量管理的中五大工具：
- APQP（Advanced Product Quality Planning）产品质量先期策划；
- PPAP（Production Part Approval Process）生产件批准程序；
- FMEA（Failure Mode and Effect Analysis）失效模式和效果分析；
- SPC（Statistical Process Control）统计过程控制；
- MSA（Measurement System Analysis）量测系统分析。

复习思考题

1. 分组法常用的分类关键词有哪些？
2. 直方图正常情况下是什么样子的？
3. 因果分析图的特点是什么？
4. KJ 法与统计方法的不同点是什么？
5. 系统图法是一种什么方法？

课后训练

一、小组合作，组内合理分工，完成以下两个调查任务

（1）调查访问当地比较知名的汽修企业，收集了解目前国内企业内部使用率最高的质量管理方法具体是什么。_____

（2）调查访问国外知名的汽修企业，收集整理国外企业最常用的质量管理方法具体有哪些。_____

（3）在众多的方法中，你认为哪种方法更为实用？请说明理由。先在小组中互相交流。_____

二、任选一种常用方法，体验操作流程

根据以上调查、讨论结果，组内分工，组员任选一种常用方法，体验操作流程。

（1）选择的常用方法是：_____

_____

（2）具体操作流程是：_____

_____

三、交流体会

各小组成员组内交流自己的体验，并选派代表在班级中交流。

（1）目前国内企业最常使用的质量管理方法是：_____

_____

（2）根据操作体验，比较容易操作的常用方法有：_____

_____

（3）结合自身体验，谈谈你的心得体会。_____

_____

项目 5
现场管理

课程目标

知识目标
- 了解现场、现场管理的含义
- 掌握现场改进的基本思想
- 熟悉现场管理的方法

能力目标
- 能牢记现场改进的基本思想
- 能熟练运用现场管理的方法来为生产现场管理工作作指导

导读

我国企业对生产现场管理历来是重视的,并积累了不少好经验。"一五"时期,原机械工业部通过调查,认识到应"根据企业不同生产类型,采用不同的管理方法",要把生产现场的工作同广大职工建设社会主义的积极性结合起来。现场想要优越,第一,要有良好的现场意识;第二,要注重改善,现场基础管理和改善是相互循环的,管理的同时要注意改善,改善的时候也不要疏于管理,改善不止于现场,还有思想。

通过本项目的学习,躬行实践,同学们可以掌握现场管理的妙招和方法,历练本领,诚信服务,展现中职生会生活、有本领、守纪律的良好风貌,树立正确的职业观、工匠精神、节能环保意识。

 问题引入

前面已经介绍了质量管理的常用方法,而企业的主要活动都是在现场完成的,现场对于学生而言是一个陌生的环境。那么,何为现场管理?现场管理应该具备什么思想?现场管理需要运用什么方法?

任务5.1 现场及现场管理

现场这个词语,有广义和狭义两种含义。广义上,凡是企业用来从事生产经营的场所,都称之为现场。如厂区、车间、仓库、运输线路、办公室以及营销场所等。狭义上,现场指企业内部直接从事基本或辅助生产过程的场所,是生产系统布置的具体体现,是企业实现生产经营目标的基本要素之一。

现场管理就是指用科学的管理制度、标准和方法对生产现场各生产要素,包括人(工人和管理人员)、机(设备、工具、工位器具)、料(原材料)、法(加工、检测方法）、环（环境）、信（信息）等进行合理有效的计划、组织、协调、控制和检测，使其处于良好的结合状态，达到优质、高效、低耗、均衡、安全、文明生产的目的。现场管理是生产第一线的综合管理，是生产管理的重要内容，也是生产系统合理布置的补充和深入。

5.1.1 现场管理的基本内容

- 现场实行"定置管理"，使人流、物流、信息流畅通有序，现场环境整洁，文明生产；
- 加强工艺管理，优化工艺路线和工艺布局，提高工艺水平，严格按工艺要求组织生产，使生产处于受控状态，保证产品质量；
- 以生产现场组织体系的合理化、高效化为目的，不断优化生产劳动组织，提高劳动效率；
- 健全各项规章制度、技术标准、管理标准、工作标准等；
- 建立和完善管理保障体系，有效控制投入产出，提高现场管理的运行效能；
- 搞好班组建设和民主管理，充分调动职工的积极性和创造性。

想一想

什么是"定制管理"？

做中学

查阅资料，了解人机料法环这五个因素的特征、作用、受什么因素影响，并按要求填入下表：

项目	人	机	料	法	环
特征					
作用					
受影响的要素					

5.1.2 现场管理的重要性

在企业管理活动中，无论在资金、人员、设备哪一个方面出现问题都会给生产带来困难。在生产刚开始时问题也许还不是那么严重，但是随着生产的进行，问题就会变得越来越突出，甚至使生产出现停顿，从而使整个企业的生产经营活动陷于瘫痪。所以，要维持企业的正常运作，就必须使所有的资源处于良好的、平衡的状态，加强现场管理，以有限的资源获得最佳的经济效益。无论走进企业的哪一个现场，都能够比较清楚地知道该企业的管理水平，从而知道企业的经营状况，这是因为现场是企业管理活动的缩影，企业的主要活动都是在现场完成的，现场管理是非常重要的：

- 现场能提供大量的信息。俗话说："百闻不如一见"，间接的信息不一定都是真实的，要想获得准确的第一手材料，只有到现场去作深入细致的调查。
- 现场是问题萌芽产生的场所。现场是企业活动的第一线，无论什么问题，都是直接来自现场，出现问题时如不及时采取相应的措施，问题向着好的方面发展的概率要比向坏的方向发展的概率要小得多。
- 现场最能反映出员工的思想动态。人是有感情、有思维的，一个人所做的工作不一定是他认为最理想的工作，如果他感到不称心，有意识或无意识地将负面情绪带入他的工作中，会直接或间接地影响产品质量和生产效率。因此，现场管理工作可使管理者了解员工的思想动态，及时帮助员工调整心理状态，避免人为因素对生产的影响。

总之，到了现场才能清楚地了解现场的实际情况。一个企业管理水平的高低，就看其生产现场广大员工能否有组织、有计划地开展工作，经济合理地完成生产目标。现场是企业活动的出发点和终结点，不重视现场管理的企业终究是要衰败的。

 现场管理人员的事中控制作用

某一银行的网点柜员进行了如下操作：先存入 40,000 元，然后取出 80,000 元，下午又将两笔业务进行反交易。监测人员发现了这个"存入后倍数支取，存在间隔时间过长的反交易"现象，及时进一步核实。经核实，网点柜员由于工

> 作疏忽，应取款40,000元，却误存40,000元，然后双倍取出80,000元。中午网点负责人发现后认为此业务操作涉嫌规避反交易，马上联系客户来行。下午客户来行后进行反交易，然后按正确流程办理了业务。上述业务最终被确认为风险事件。

一、案例分析

（一）柜员抱有侥幸心理，操作失误后未按正确方法进行反交易，而采取双倍支取的做法来规避反交易。

（二）现场管理人员起到事中控制作用，在发现柜员业务操作有误时，现场管理人员及时纠正了该柜员的违规操作，避免风险等级上升。

二、议一议

从这则案例中你获得了哪些启示？

三、教师点评

任务5.2 现场改进的基本思想

5.2.1 三不原则

三不原则即"不接受不良品、不制造不良品、不流出不良品"。三不原则是对待不良品的基本原则，也是首先必须保证的原则，是保证品质、确保零不良品的基础。

（1）三不原则的基本做法

三不原则宣传标语如图 5-1 所示。

图 5-1　三不原则宣传标语

① 不接受不合格品：不接受不合格品是指员工在生产加工之前，先对前工序传递来的产品进行检查按规定检查它是否合格，一旦发现问题则有权拒绝接受，并及时反馈到前工序。前道工序人员需要马上停止加工，追查原因，采取措施，使品质问题得以及时发现，并纠正，避免不合格品继续加工造成浪费。

② 不制造不合格品：不制造不合格品是指接受前道工序的合格品后，在本岗位加工时应严格执行作业规范，确保产品的加工质量。对作业前的检查、确认等准备工作要做得充分到位；对作业中的过程状况要特别留意，避免或及早发现异常，降低产生不合格品的概率。准备充分并在过程中加以关注是不制造不合格的关键。只有不产生不良品，才能使得不流出和不接受不良品变为可能。

③ 不流出不合格品：不流出不合格品是指员工完成本工序加工后，需检查确认产品质量，一旦发现不良品，必须及时停机，将不良品在本工序截下，并且在本工序内完成不良品的处置并采取防止措施。本道工序应保证传递的是合格产品，不会被下道工序或"客户"拒收。

做中学

进入实训现场观察企业员工对产品进行质检的流程，并填写记录卡。

（2）三不原则的实施要点

① 谁制造谁负责。一旦产品设计开发结束，工艺参数流程确定，那么产品的质量波动就是制造过程的问题。每个人的质量责任从接受上道工序的合格产品开始，规范作业、确保本道工序的产品质量符合要求是员工最大的任务。一旦在本道工序发现不良或接到后道工序反馈的不良信息后，员工必须立即停止生产，调查原因，采取对策对产品的质量负责到底。

② 谁制造谁检查。产品的生产者，同时也是产品的检查者，产品的检查也是生产过程的一个环节。通过检查，确认生产合格，才能确保合格产品流入下道工序。通过自身检查，作业者对本工序加工产品的状态可以了解得更清楚，从而有利于员工不断提升加工水平，提高产品质量。

③ 作业标准化。产品从设计开发、设定工艺参数开始，就要将所有作业流程中的作业步骤及作业细节规范化、标准化，并使它们不断完善。每一个员工都必须严格执行标准化作业。标准化是该工序最佳的作业方法，是保证产品质量一致性的唯一途径。

查一查

查找资料或询问教师，了解工艺参数这一概念。

④ 全数检查。操作者须对所有产品、所有工序进行全数检查。

⑤ 工序内检查。质量是作业者制造出来的，如果安排另外的检查人员在工序外对产品进行检查或修理，即会造成浪费，也不能提高作业者的责任感，还会导致作业者对其产品质量的漠视。因此提倡由作业者进行工序内检查。

⑥ 不良停产。在工序内一旦发现不良产品，操作者有权也有责任停止生产，并及时调查原因、采取纠正措施。

⑦ 现时处理。在生产过程中，产生不合格品时，作业者必须从生产状态转变到调查处理状态，马上停止作业，针对产生不良品的人、机、料、法、环等现场要素进行确认，调查造成不良的"真正元凶"并及时处理。

议一议

"当产生不合格品时，作业者必须从生产状态转变到调查处理状态，马上停止作业及时处理。"你认为这样会导致人员、产品等资源浪费吗？

⑧ 不良曝光。在生产过程中出现的任何不良，必定有其内在的原因，只有真正解决了发生不良的每个原因，才能避免制造不合格品，实现零缺点，才能让客户真正满意。因此对于不合格品的产生，不仅作业者要知道，还必须让管理层知道，让质量保证的人员知道，让设计开发的人员知道，大家一起认真分析对策，并改善作业标准，而不是简单地由作业者自行对不合格品进行返工或报废，否则，下一次还会发生同样的问题。

⑨ 防错。产品的品质不应完全靠作业者的责任心来保证，任何人都会有情绪，会有惰性，会有侥幸心理，会受一些意外因素干扰，从而使产品质量出现波动。因此，必须尽可能科学合理地设计、使用防错装置来防止疏忽。同时在现场管理中，认真进行细节管理，尽量把工作做在前面，周全地计划，充分地准备，事先预防，减少各种差错，把品质控制在要求的范围内。

⑩ 管理支持。作业者担负产品的质量责任，但产品出现不良，管理层应该承担更多的责任，因为现场管理者的职责就是帮助员工解决问题。当员工发现问题并报告时，现场管理者应第一时间出现在现场，一起调查并处理问题。面对不合格品的产生管理者若只是轻率地推卸责任给作业者，不仅不能彻底解决问题，而且易造成管理层与员工之间的对立。所以，管理者应对员工进行指导，事先预防问题的产生，和员工共同分析问题、调查解决问题，为员工配备所需的资源设施，帮助员工解除生活、工作上的后顾之忧。总之，管理者只有成为员工的坚强后盾，三不原则才能真正在生产中落实。

? 想一想

三不原则在实施过程中会出现哪些困难？

5.2.2 三现主义

（1）三现主义的含义

所谓"三现"是指："现场""现物""现实"。三现主义，即一切从现场出发，针对现场的实际情况，采取切实的对策解决问题。

也就是说,当发生问题的时候,管理者要快速到"现场"去,亲眼确认"现物",认真探究"现实现状",并据此提出和落实符合实际的解决办法。这样做的好处是不言自明的。所以企业应要求所有管理者和员工养成这样一个好习惯,并且以自己的行动影响客户与供应商企业的管理者。

(2)三现主义的重要意义

有这样一个事例可以说明"三现主义"的重要意义。

某跨国企业生产管理部门发出通知:因产品中编号为 AX0001234 的零件出现短缺(采购漏订货),XX生产线需要停线7天,7天后恢复生产。请采购部务必在7个工作日之内从日本购回(空运)此零件。公司某领导(厂长)和专家看到通知后,对7天的停线心有不甘(损失太大),电话通知生产管理经理和采购经理一起来到生产现场,他们一起查看了造成停线的零件。不看不知道,一看吓一跳,原来短缺的零件是一条包装箱用的瓦楞纸加强筋,并不是什么复杂零件。根据大家的直觉,这样一个零件在本地应该可以买得到。厂长当场指示,采购部必须设法以最快的速度找本地供应商帮忙做出来,同时要求生产管理经理协调技术部安排此零件的本地化采购。处理的结果令人满意,第二天下午便恢复了生产。事实说明,有些管理者在遇到问题的时候,并没有遵循三现原则做事。事后,厂长召集各部门管理者一起进行了一次生动的三现主义教育,要求管理者回去教育员工,不要指望坐在办公室里,面对着计算机就能解决生产现场发生的问题,而一定要到现场去,了解现物和现实,真正有效地帮助现场解决问题。再后来,此零件还实现了本地化采购,不仅采购成本降了下来,而且库存量也少了许多,一举多得。

 议一议

(1)如何看待案例中领导者的做法?

(2)现场管理有什么新作用?

(3)实现三现主义的实现

a. 三现主义之一"到达现场"

到达现场要做什么?

- 第一:进行验证。验证现物、验证现状,检查与标准、制度及规范的差距,发现解决问题的途径。

- 第二：达成共识。到达现场与现场人员针对实际情况达成共识，解决现场问题。应采用精益管理的思想，就是创造一个系统，让每个参与者都去思考，促使人们对问题本身达成共识。
- 第三：定期检查。达到现场检查工作是否是按标准、按计划、按制度、按流程、按作业指导书执行的。检查的一个较大的好处就是，确认目标与现况的差距，及时地纠正偏差，同时发现流程、方法、规范方面的问题。
- 第四：集思广益、持续改进。到达现场收集信息，通过现场观察了解员工是否明白管理者的意图，明白公司目标和管理的方向，通过沟通充分听取现场人员意见，从一线收集改善管理的信息、提高有效性和效率的建议，做到持续改进。

b. 三现主义之二"观察现物"

要观察哪些现况？

① 用客户的眼光去看流程执行现况。

② 用客户的眼光去看可视化管理现况。可视化是让问题简单化，是用眼睛管理。可视化体现在标识、流程、制度的看板管理。看板分为静态和动态的看板：静态的看板主要是传达组织长期的管理理念；动态的看板是管理者随时要把握的管理信息，更能反映一个组织的管理水平和能力。各部门的动态看板更新的速度，是管理水平和能力的体现。

③ 用客户的眼光去看标准化现况。一个企业肯定有许多标准，之所以叫标准化，是将标准普及到可执行的层面。建立标准有四个关键问题：

- 是否每个人都能知道正常与异常标准、符合与不符合标准？
- 是否每个人都能知道工作流程、工作方法，是否熟知作业指导书？
- 是否每个人都知道自己工作的主要问题、应控制什么、怎样控制？
- 是否每个人明确自己在做什么，明确内部顾客要求？

④ 用客户的眼光去看文化习惯现况。进入现场可目睹的文化元素的表象体现为"流程""规定""标准""要求""现场""改善"这些词汇。如果每个人都会问"为什么"，直到找出问题的根本原因，并提出相应的对策，并不断验证对策和措施的正确性，那么这种文化习惯便会促进企业产品质量的提升。

只有以顾客挑剔的眼光去观察，才能进行真实的改进，管理才能得到有效的提升。

想一想

当出现客户是外行这种情况时,三现主义又该如何实现?

⑤ 用管理者的眼光对细节进行观察。
- "看"细节现况。
- "问"细节现况。问为何这样做?问这样做的依据是什么?问这样做的目的是什么?问要达到什么样的标准?问有没有异常?出现异常怎么办?
- 思考细节现况。

针对问题点,思考问题产生的根源,查找问题的根源,并思考改善方案。
- 对细节现况作出改进计划。

作调查分析:对现状进行调查分析,用数据说话,用数理统计分析方法,查找出关键的因素;

作改善方案:制定改善方案,组织进行实施;

作跟踪检查:对执行过程进行跟踪检查,出现偏差及时修正;

作巩固计划:将改善效果标准化,制定再发防止措施,落实到相关管理文件中。

议一议

用顾客的眼光去看和用管理者的眼光去看,哪一种更重要?

c. 三现主义之三"把握现状"

把握哪些现状?

应在现场努力把握人、机、料、法、信息的现状,对照标准,找出差距。

查一查

查找资料,了解三现主义的现状标准。

(4)三现主义的实施
- 各个基层管理部门、班组都应依据自己管理的范围、过程流程图(位置、工序、节点；人、机、料、法、环、安全等方面）编制适用的检点表，依据此表，定期进行检查、发现问题、制定措施、进行改善。此表可以不断补充或删减，它最大的好处就是可防止检查中的遗漏。

- 组长和组长以上的管理人员，均可依据该检查表，对工作计划、任务及执行中发生的问题进行现场检查，防止遗漏。

5.2.3 PDCA循环

PDCA循环又叫戴明循环，是管理学中的一个通用模型。最早由有"统计质量控制之父"之称的统计学家沃特·阿曼德·休哈特于1930年构想，后来被美国质量管理专家戴明博士在1950年再度挖掘出来，加以广泛宣传，并运用于持续改善产品质量的过程。PDCA的含义如下：P（plan）——计划；D（do）——执行；C（check）——检查；A（action）——行动，对检查的结果进行处理，并总结，成功的经验加以肯定并适当推广、标准化；失败的教训加以总结，未解决的问题放到下一个PDCA循环里。

PDCA循环作为全面质量管理体系运转的基本方法，其实施需要搜集大量数据资料，并综合运用各种管理技术和方法。如图5-2所示，一个PDCA循环一般都要经历以下4个阶段、8个步骤。

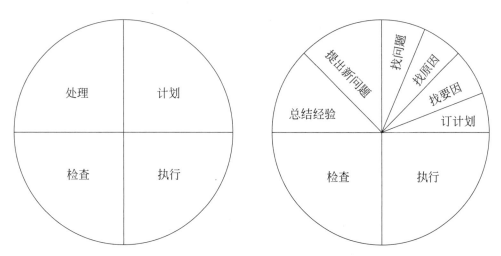

图5-2 PDCA循环的4个阶段、8个步骤

（1）PDCA 循环的四个明显特点

① 周而复始。PDCA 循环的四个过程不是运行一次就完结，而是周而复始地进行。一个循环结束了，解决了一部分问题，可能还有问题没有解决，或者又出现了新的问题，再进行下一个 PDCA 循环，以此类推，如图 5-3 所示。

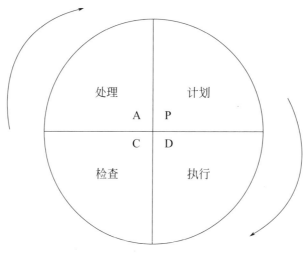

图 5-3　PDCA 循环的周而复始

② 大环带小环。类似行星轮系，一个公司或组织的整体运行的体系与其内部各子体系的关系，是大环带小环的有机逻辑组合体。如图 5-4 所示。

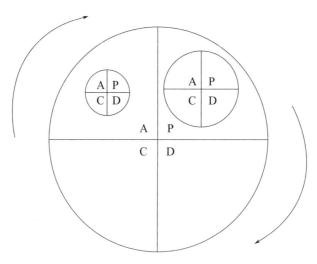

图 5-4　PDCA 循环的大环带小环

③ 阶梯式上升。PDCA 循环不是停留在一个水平上的循环，不断解决问题的过程就是水平逐步上升的过程。

④ 统计的工具

PDCA 循环应用了科学的统计观念和处理方法。

查一查

查询 PDCA 循环的发展过程。

（2）PDCA 循环的 8 个步骤

- 分析现状，发现问题；
- 分析问题中的各种影响因素；
- 分析影响问题的主要原因；
- 针对主要原因，寻找解决的措施；
- 执行，按措施计划的要求去做；
- 检查，把执行结果与要求达到的目标进行对比；
- 标准化，把成功的经验总结出来，制定相应的标准；
- 把没有解决或新出现的问题转入下一个 PDCA 循环。

查一查

上网查找 PDCA 循环的七种工具。

5.2.4 精益原则

精益生产方式是继单件生产方式和大量生产方式之后在日本丰田汽车公司诞生的全新生产方式。这种生产方式与传统的生产方式相比，具有非常卓越的模式，是过去几千年工业生产方式的巨大变革。同时精益生产的思想又被广泛地应用于传统制造业之外的行业，如服务业、物流运输业、餐饮业等，并且推行得十分成功。

精益生产方式依存于五大基本原则：价值、价值流、价值流动、需求拉动、尽善尽美。企业推行精益生产方式必须坚持五大基本原则，以它为基本出发点，在推行过程中才会取得事半功倍的效果。离开五大基本原则的支持，精益生产方式只会"形似"，起不到应有的效果。

(1)精确地确定产品的价值

产品的价值通常功效和价格等组成。功效又可分为功能和质量,功能可进一步细分为主要功能和辅助功能。

① 产品的价值是由顾客定义。在产品的价值构成中,如产品的价格过高,超过顾客的承受能力,尽管产品的功效能够满足顾客的要求,但是这样的产品经常会被顾客舍弃。GE前总裁杰克·韦尔奇先生在他的自传中曾经写道,GE公司曾经开发出一种电灯泡,这种电灯泡虽然寿命较一般的电灯泡长很多,但是价格是市场上一般灯泡的几倍,最终没能获得较好的市场表现。产品价值的其他构成部分中的辅助功能,虽然也是产品价值的一部分,但一般不会成为顾客购买产品的真正动机,如产品装饰对于整个产品而言仅仅是起到锦上添花的作用,"买椟还珠"只是个例。正确认识产品价值的各组成部分,可以对产品开发、成本控制等起到重大的作用。

② 产品的价值是生产者创造的产品的价值是由顾客定义的,但是由生产者创造的。来自欧洲,尤其是德国的大多数企业的高层管理者通常持有此种想法,认为产品的价值是生产者创造的,生产者的劳动是产品价值形成的原因,也是生产者存在的理由,所以他们热衷于提高其产品的性能和生产工艺水平,然后向他们的顾客去介绍和推销自己的产品,虽然他们的产品功能在用户看来并不实用。生产者创造了产品的价值,但并不是定义了产品的价值,德国企业的这种想法是供小于求、以产定销时代的缩影。

因此,精益思想从一种自觉的尝试开始,通过与用户的对话,为具有特定功能以特定价格提供的产品精确定义价值,这是最基本的原则,也是精益生产的第一步。

查一查

查询"精益生产"的含义。

(2)识别价值流

价值流是使一个特定产品通过任何一项商务活动的三项关键性管理任务时所必需的一组特定活动。此三项关键性管理任务为:从接受订单到执行生产计划、发货的信息流;从原材料到转化为产成品的物流;从概念到正式发布的产品设计流程。这是精益生产的第二大步。

从是否增值的角度分析，这些活动可以分为三种类型：第一种是明确的创造价值的活动；第二种是不创造价值但是在现阶段不可避免的活动，通常称之为一型浪费；第三种是不创造价值，可立即去除的活动，通常称之为二型浪费。如果从是否增值的角度来考察企业生产产品过程，不难发现，原来人们习以为常的方式存在着太多的浪费，这些浪费使得企业在满足用户的要求方面总是力不从心。

以单个产品为例，进行价值流的分析，可以分为三步：了解当前工艺流程是怎么运作的；设计一个精益价值流；制定未来状态的实施计划。企业内进行价值流分析，在实施未来状态的计划时通常需要企业的许多部门的协作，甚至需要供方的配合，一起联合检验每一个创造价值的步骤，并且持续到产品的最后。

（3）价值流动

价值流动为精益生产中最精彩的部分。经过第二步的价值流分析，对于保留下来的创造价值的活动和一型浪费活动应进行相关策划使它们流动起来。

传统的观点认为应该将各种活动按类型分组以利于管理，比如在生产现场将所有的车床布置在一起，将所有的刨床布置在一起，从事相同工作的人形成一个班组，如车床班、刨床组。

福特将轿车总装生产转变为连续流动生产，使福特的 T 型车的总装工作量减少了 90%。同样，将产品从接到订单到发货这一过程中的活动按照流水线的原理设计也将大大提高效率，保证按期向顾客交货。

从"部门"和"批量"转化到"生产团队"和"流动"，第一个可见的效果是：从概念投产、销售到送货到用户所需的时间大大减少了，效率可能提高几倍甚至几十倍。引进了流动以后，需要几年才能设计出来的产品，在几个月内就可以完成；需要若干天才能办完的订货手续，几小时就可以办完。而且精益系统现在可以使正在生产的所有产品进行任意组合，所以变了的需求可以及时得到满足。精益生产的此种做法能通过库存量下降和资金周转速度加快一下子节省大量资金。

精益生产方式的价值流动原则要求企业重新定义职能、部门和企业的作用，使他们能对创造价值作出积极的贡献。

? 想一想

针对汽车状况诊断检测站，应怎样进行价值流分析？

(4) 需求拉动

精益生产方式是一个革命性的成就。因为，一旦有了在客户需要的时候就能设计、排产和制造出用户真正需要的产品的能力，就意味着企业可以抛开销售预测，直接按用户告诉企业的实际要求生产就行了。在电脑制造业中，DELL公司就是典型的此种模式。企业可以让用户从企业那里按照需求拉动产品，而不是把用户不想要的产品硬推给用户。

(5) 尽善尽美

当企业精确定义产品的价值，识别出整个价值流，使创造产品价值的活动连续流动起来，并且实现需求拉动时，奇迹就出现了。具体表现为，当企业为真正满足用户的要求竭尽全力，付出时间、资金、场地、成本和错误时，尽善尽美的原则就不是那么虚无缥缈了。

为什么如此呢？当企业满足上述四个原则后，会愈来愈想真正满足用户的要求，让价值流动得更快一些，这样就更能暴露出价值流过程中的瓶颈和障碍，企业就会不断突破这些瓶颈，去除障碍，满足用户的要求。

追求尽善尽美的最重要的驱动力就是透明度。在精益系统中的每个人，从分包商、组装厂、批发商、用户到员工，都可以看到所有的事情，因而易于发现创造价值的较好方法。而且，员工作出的改进几乎立刻就可以得到积极的反馈。这正是精益生产的关键特征，也是不断努力寻求改进的强有力的促动。当员工能够从产品开发、接单和生产流动中得到及时的反馈、能够看到顾客的满意时，传统管理中常用的"胡萝卜加大棒"的方法也就不需要了。

课后实践

在员工管理方面，有哪些改进方法能促进企业内部的管理？请从汽修企业角度写一篇不少于200字的建议。

教师点评

任务5.3
现场管理的方法

5.3.1 作业标准化

（1）标准

对重复性的事物、行为、概念等进行统一，统一后的内容就是标准。如：《整理整顿执行标准》《现场管理区域图示标准》《业务流程标准》《设备清扫点检标准》《产品质量标准》等。一致的才是标准，标准强调准则。只有重复实验，制定标准才有意义。

（2）标准化

通过制定、发（颁）布、实施、监督、改善标准，以获得最佳秩序与效果的过程称为标准化。标准化是一系列行为的集合，强调过程。目的是追求秩序或效果。

（3）标准化作业

① 标准化作业的内涵：标准化作业包括作业标准化和管理标准化。

② 作业标准化的定义：为达到企业目标，员工严格按规定的操作要求、基准，在规定的时间内，进行规定的作业，同时，通过一定的程序对上述规定进行优化、完善的行为活动过程。

③ 管理标准化的定义：为落实作业标准化，按标准化作业管理思路进行的一系列管理活动。

④ 标准化作业的特点：全员性、规范性、重复性、严肃性、科学性。

（4）标准化的必要性

在任何时候都按照标准工作，可以获得安全、不混乱的效果。另外对每个不同的工作方法加以研究后，将其中最好的方法设定为标准，这样技能、管理、技术等方面的目标水平将更加明确，以达到有组织地改善标准化的目的。

查一查

标准化作业的步骤流程。

（5）标准化的工作方法

所谓标准的设定就是以稳定、高效地进行生产为前提条件而制定出来的标准，标准的对象不仅仅是操作，也包括为了进行这项操作而必备的条件及工作方法。

标准制定了，如果不遵守也只是纸上谈兵，与没有制定如出一辙。而且即使修改过的标准化，如果不遵守，其修改也不会产生效果，另外，现场管理者应积极地听取现场作业人员的意见，参考他们的建议对标准进行修改，使标准更易于操作。让现场作业人员遵守已制定的标准是提高生产作业水平所必不可少的。

> **? 想一想**
>
> 有什么方法可以减少违反标准现象的发生呢？

5.3.2　5S管理

（1）5S 管理的定义

5S 管理就是整理（SEIRI）、整顿（SEITON）、清扫（SEISO）、清洁（SETKETSU）、素养（SHITSUKE）五个项目。5S 管理起源于日本，通过规范现场、现物，营造一目了然的工作环境，培养员工良好的工作习惯，其最终目的是提升人的品质，养成良好的工作习惯。5S 管理示意图如图 5-5 所示。

5S 管理与其他管理活动的关系：

- 5S 管理是现场管理的基础，是全面生产管理 TPM[1] 的前提，是全面品质管理 TQM[2] 的第一步，也是 ISO9000 有效推行的保证。
- 5S 管理能够营造一种"人人积极参与，事事遵守标准"的良好氛围。有了这种氛围，推行 ISO、TQM 及 TPM 就更容易获得员工的支持和配合，有利

---

[1] 全面生产管理，Total Productive Maintenance，简称TPM，是以提高设备综合效率为目标，以全系统的预防维护为过程，全体人员参与为基础的设备保养和维修管理体系。

[2] 全面质量管理，Total Quality Management，简称TQM，是以质量管理为中心，以全员参与为基础，目的在于通过让顾客满意和本组织所有者、员工、供方、合作伙伴或社会等相关方受益而使组织达到长期成功的一种管理途径。

于调动员工的积极性，形成强大的推动力。

- 实施 ISO、TQM、TPM 等活动的效果是隐蔽的、长期性的，一时难以看到显著的效果，而 5S 管理活动的效果是立竿见影的。如果在推行 ISO、TQM、TPM 等活动的过程中导入 5S 管理，可以通过在短期内获得显著效果来增强企业员工的信心。
- 5S 管理是现场管理的基础，5S 管理水平的高低，代表着管理者对现场管理认识的高低，这又决定了现场管理水平的高低，而现场管理水平的高低，制约着 ISO、TPM、TQM 活动能否顺利、有效地推行。通过 5S 管理活动，从现场管理着手改进企业"体质"，则能起到事半功倍的效果。

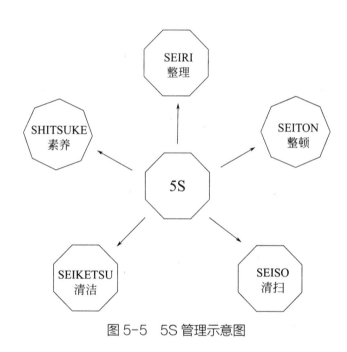

图 5-5　5S 管理示意图

查一查

翻阅资料或上网查询 ISO、TPM、TQM。

（2）5S 管理中五个项目的定义、目的、实施要领

a. 1S——整理

定义：

- 将工作场所任何东西区分为有必要的与不必要的；

- 把必要的东西与不必要的东西明确地、严格地区分开来；
- 不必要的东西要尽快处理掉。

目的：
- 腾出空间，空间活用；
- 防止误用、误送；
- 塑造清爽的工作场所。

生产过程中经常有一些残余物料、待修品、返修品、报废品，以及一些已无法使用的工夹具、量具、机器设备等滞留在现场，既占据了空间又阻碍生产，如果不及时清除，会使现场变得凌乱。在生产现场摆放不要的物品是一种浪费：

- 宽敞的工作场所，将会变窄小；
- 棚架、橱柜等被杂物占据而减少使用价值；
- 增加寻找工具、零件等物品的困难，浪费时间；
- 物品杂乱无章地摆放，增加盘点困难，成本核算失准。

因此，不必要的物品应断然地加以处置。

实施要领：
- 对自己的工作场所（范围）全面检查，包括看得到和看不到的；
- 制定"要"和"不要"的判别基准；
- 将不要物品清除出工作场所；
- 调查需要物品的使用频度，决定日常用量及放置位置；
- 制定废弃物处理方法；
- 每日自我检查。

 做中学

制定一份汽车美容车间废弃物的处理方案。

b.2S——整顿

定义：
- 对整理之后留在现场的必要的物品分门别类放置，排列整齐；
- 明确数量，有效标识。

目的：

- 使工作场所摆放的物品一目了然；
- 营造整整齐齐的工作环境；
- 减少找寻物品所用的时间；
- 消除过多的积压物品。

实施要领：
- 前一步骤整理的工作要落实；
- 需要的物品明确放置场所；
- 摆放整齐、有条不紊；
- 地板划线定位；
- 对场所、物品进行标识；
- 制定废弃物处理办法。

查一查

现场管理的发展历史。

c.3S——清扫

定义：
- 将工作场所清扫干净；
- 保持工作场所干净、卫生。

目的：
- 消除脏污，保持职场内干净、明亮；
- 稳定品质；
- 减少工业伤害。

实施要领：
- 建立清扫责任区（室内外）；
- 执行例行扫除，清理脏污；
- 调查污染源，予以消除或隔离；
- 建立清扫基准，作为规范；
- 开展一次全公司的大清扫，将每个地方清洗干净。

查一查

联系所学的 5S 相关内容,查一查使用价值和价值的意义和区别。

d.4S——清洁

定义:

将上述 3S 实施的做法制度化、规范化。

目的:

维持 3S 的成果。

实施要领:

- 落实前 3S 工作;
- 制定目视管理的基准;
- 制定 5S 实施办法;
- 制定考评、稽核方法;
- 制定奖惩制度,加强执行;
- 高阶主管经常带头巡查,带动全员重视 5S 活动。

做中学

制定一份企业 5S 奖惩制度,注意其合理性。

e.5S——素养

定义:

通过晨会等手段,提高员工文明素质,增强团队意识,养成按规定行事的良好工作习惯。

目的:

提升员工个人品质,使员工对任何工作都认真负责。

实施要领:

- 制定服装、臂章、工作帽等识别标准;
- 制定公司有关规则、规定;
- 制定礼仪守则;

- 开展教育训练（新进人员强化 5S 教育、实践）；
- 推动各种精神提升活动（晨会、例行打招呼等）；
- 推动各种激励活动，提高员工遵守规章制度的积极性。

查一查

有哪些汽车企业已经在运用 5S 管理了？

（3）5S 管理的效用

5S 管理的五大效用可归纳为 5 个 S，即：sales 销售、saving 节约、safety 安全、standardization 标准化、satisfaction 客户满意。

- 5S 管理是最佳推销员（sales）——被顾客称赞为干净整洁的工厂使客户有信心，乐于下订单；会有很多人来厂参观学习；使大家希望到这样的工厂工作。
- 5S 管理是节约家（saving）——降低不必要的材料、工具的浪费；减少寻找工具、材料等的时间；提高工作效率。
- 5S 管理对安全有保障（safety）——宽敞明亮、视野开阔的职场，遵守堆积限制，危险处一目了然；走道明确，不会造成杂乱情形而影响工作的顺畅。
- 5S 管理是标准化的推动者（standardization）——规范作业现场，大家都按照规定执行任务，程序稳定，品质稳定。
- 5S 管理形成令人满意的职场（satisfaction）——创造明亮、清洁的工作场所，使员工有成就感，增强现场全体人员进行改善的意愿。

想一想

理想状态下的 5S 管理是怎么样的？

5.3.3 可视化管理

（1）可视化管理的定义

可视化管理（VM，visual management）抑或称为目视化管理、目视化经营，其基本定义为：一眼即知的管理。它是利用形象直观、色彩适宜的各种视觉感知信息来组织现场生产活动，达到提高劳动生产率目的的一种管理方式。它是以视觉信号为基本手段，以公开化为基本原则，尽可能地将管理者的要求和意图让大家都看得见，借以推动自主管理、自我控制。使用可视化管理的现场如图5-6所示。

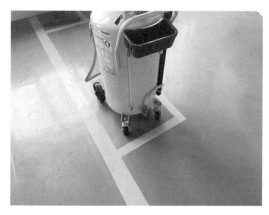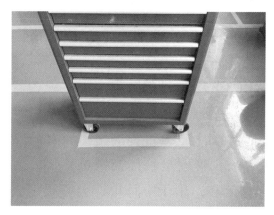

图5-6　使用可视化管理的现场

（2）可视化管理的目的

可视化管理能够使管理者、监督者对现场所发生的问题一目了然，并能够尽早采取相应对策的机制或者管理方法。其直接目的是：使生产效率化并降低成本，简化管理者、监督者的管理业务并提高其效率，提高现场管理者、监督者的能力。其最终目的是：提高管理水平，优化组织结构，提高生产效率，并形成明快顺畅、具有活力的企业特色。

可视化管理可以提高S、Q、D、C、M、E（现场改善的推进），其中S代表Safety（安全），指安全的保证，Q代表Quality（质量），指质量的提升，D代表Delivery（交货期），指交货期的遵守、过程周期的缩短，C代表Cost（成本），指成本的降低，M代表Morale（士气），指士气的振奋与提高，E代表Environment（环境），指环境的改善。

（3）可视化管理的内容

可视化管理的主要内容包括：

- 可视化管理的物品管理：日常工作中，需要对工装夹具、计量仪器、设备的备用零件、消耗品、材料、在制品、完成品等各种各样的物品进行管理。"什么物品、在哪里、有多少"及"必要的时候、必要的物品、无论何时都能快速取出放入"成为物品管理目标。

- 可视化管理的作业管理：工厂中的工作是通过各种各样的工序及人组合而成的。各工序的作业是否是按计划进行？是否是按决定的那样正确地实施呢？在作业管理中，能很容易地明白各作业及各工序的进行状况及是否有异常发生等情况是非常重要的。
- 可视化管理的设备管理：近几年来，由于工厂机械化、自动化的推进，仅靠一些设备维护人员已很难保持设备的正常运作，现场的设备操作人员也被要求加入到设备的日常维护工作当中。因此，操作者的工作不仅仅是操作设备，还要进行简单的清扫、点检、润滑、紧固等日常维护保养工作。可视化管理的设备管理是以能够正确地、高效率地实施清扫、点检、润滑、紧固等日常保养工作为目的，以期达成设备"零故障"的目标。
- 可视化管理的品质管理：可视化管理能有效防止许多"人的失误"的产生，从而减少品质问题的发生。
- 可视化管理的安全管理：可视化管理的安全管理是要将危险的事物和行为予以显露化，刺激人的视觉，唤醒人们的安全意识，防止事故、灾难的发生。
- 可视化管理的6S管理❶：可视化管理在厂房环境维持方面，也有许多可以应用的地方。6S管理就是使管理更容易可视化。良好的厂房环境维持，有助于日常的可视化，以便能予以矫正。可视化管理也可以用6S的方法来构筑。

 查一查

查找最新版本的可视化实施方案。

（4）推行可视化管理的基本要求

a. 可视化管理要从企业实际出发，有重点、有计划地逐步展开

在这个过程中，应做到的基本要求是：统一、简约、鲜明、实用、严格。统一，即可视化管理要实行标准化；简约，即各种视觉显示信号应简洁易懂，一目了然；鲜明，即各种视觉显示信号要清晰，位置适宜，现场人员都能看得见、看得清；实用，即不摆花架子、少花钱、多办事，讲求实效；严格，即现场所有人员都必须严格遵守和执行有关规定，有错必纠，赏罚分明。

---

❶ 6S管理是一种管理模式，是5S管理的升级，6S即整理（SEIRI）、整顿（SEITON）、清扫（SEISO）、清洁（SEIKETSU）、素养（SHITSUKE）、安全（SECURITY）。

b. 可视化管理应围绕着控制产品质量开展

质量就是产品过程或服务所具备的满足客户明示或隐含需要的特征或特性的总和。产品，根据其被制造加工的程度可分"在制品"和"成品"，而无论是"在制品"还是"成品"均可能存在三种质量状态——合格、不合格、待处理。因此如何能一目了然地判断产品的质量状态，迅速掌握产品质量情况，进行事先预防并及时采取相应措施，减少人为失误和遗漏造成的产品质量问题，减少物料、时间的浪费，就成为了一个重要的问题。

作为生产企业，其最终目的是制造符合市场需求、让客户满意的产品，一件产品能否让客户接受并感到满意，关键在于产品质量是否满足客户的要求。因此，企业的很多管理活动都是围绕着如何更好地控制产品质量展开的，可视化管理作为现代企业的重要管理模式，将它运用到全面质量管理中，就必须以产品质量为关注点，以提高产品质量保障水平为目的，紧密围绕着控制产品质量开展工作。

c. 可视化管理要从根源处入手

可视化管理是通过人的五感（视觉、触觉、听觉、嗅觉、味觉）感知现场现物的正常与异常状态的方法，而在人的五感的运用过程中，主要依靠的感觉器官是眼睛，因此可视化管理也被称为一目了然管理。通过醒目的信号灯、标识牌，把产品生产过程中所出现的正常的、异常的状态显示出来，无论是新进的员工，还是新的操作手，都可以与操作经验丰富的老员工一样，一看就知道、就明白存在着怎样的问题。

生产一件产品需要多种原辅材料，每一种原辅材料可能在外观上相似，但其物理和化学特性却相差甚远，如果只凭经验或想当然就将原辅材料用于生产，其结果可想而知。而将可视化管理运用到原辅材料的管理中——物料根据定位标识线分区放置，标识牌上醒目的文字注明该物料的名称、规格、产地等基本信息，色彩鲜明的状态标识注明该物料是待检验、合格，还是不合格，就能明确地向相关人员传递物料的信息，从而使相关人员能够判断该物料是否能使用，应该在什么产品中使用，从产品生产的根源处对产品质量进行控制。

现代企业的生产线基本上都是流水作业线，生产工序环环相扣，因此在制产品一旦出了质量问题，却进入了下一道工序，将直接影响产品的最终质量。在实际的工作中，常常出现这样的情况：由于不能准确判断在制品是否合格，而将不合格的在制品当作合格在制品投入生产引发产品质量问题；或是将合格的在制品当成不合格在制品丢弃，造成物料浪费。其实可视化管理可以很容易地解决这一问题：对不在流水线上的在制品，根据其质量状态放置不同的标识，每个在制品能否进入生产流水线使一目了然。

案例介绍

在柳州卷烟分厂卷包车间中，常可以看到标明在制品质量状态的标识，如：在条烟提升处的工作桌面上，有时会分区堆放着数量不等的条烟，每堆前的醒目位置均会放置不同颜色、不同内容的标识用来标明该堆在制品的质量状态——合格、不合格、待处理。因为这些标识都是由车间统一制作、统一发放、统一规定其使用范围和作用的，所以车间里的任何员工都能同样方便、迅速地判断该在制品的质量状态，也就能很好地对产品质量进行控制。

在流水作业的生产方式中，越早发现问题，所造成的损失也就越少，因此可视化管理要从根源处入手，深入产品生产过程中的最基础层面，做到早发现、早暴露、早预防、早消除，防止人为的失误或遗漏，尽最大努力维持生产的顺利进行和产品质量的优质稳定。

查一查

除了柳州卷烟分厂，还有哪些企业可视化管理案例是从根源处入手的？

d. 可视化管理应充分发挥员工的力量

可视化管理是以全员参与为基础的，作为全面质量管理的工具之一，在可视化管理推行的过程中，如何让组织中的员工积极主动地参与可视化管理，而不是被动地接受，是一个引人深思的问题。

从某种角度上看，可视化管理不仅仅是一种管理工具，它也是一种员工与员工之间相互交流、相互沟通的工具。担任管理者角色的员工通过规划、设计、制作可视化标识，尽可能地将要求和意图让员工看见、知道、遵守；而员工则通过使用可视化标识向管理人员和同事传递着产品的质量信息。所以在质量管理中，可视化不但要遵循公开化、透明化的基本原则，而且要将隐含在产品内部的质量信息变成无论谁都能一眼看明白的事实。此外，由于一线操作员工是各种可视化标识的使用者，他们在日常的工作中会遇到各种各样的问题和异常情况，有些问题是管理人员已经发现并制作了可视化标识的，有些问题是尚未被发现的，在这种情况下，就要充分发挥一线操作员工的力量，通过制定相关的规定和制度，鼓励员工将自己的看法、建议向管理人员提出，逐步减少可视化管理的盲区和遗漏点，从根源处更进一步提高质量过程控制能力。只有这样，才能真正发挥可视化管理沟通、交流的积极作用，因为沟通必须是双向的，不能仅仅强调"管理人员→操作工""操作工→操作工"之间的信息沟通，而忽视"操作工→管理人员"这一重要的沟通路径。

（5）可视化管理的状态及推进基础

在可视化管理中所说的管理状态要具备以下 3 点：

- 有正常、异常（或问题点和浪费）的判断基准；
- 迅速把握异常的状态；
- 对掌握的异常情况迅速及时采取了行动。

能够推行可视化管理的前提是被称为管理循环的 PDCA 循环，循环的方式是重点，即将"P、D、C、A"各个阶段以可视的状态进行循环，如图 5-7 所示。

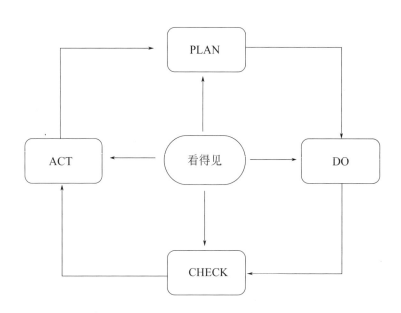

图 5-7　PDCA 可视循环

（6）可视化管理的工具

可视化管理的工具一般包括图表、管理板、作业卡、标签、标示牌、各种颜色的纸/带/油漆等。某企业的质量可视化管理牌如图 5-8 所示。

项目 5 现场管理

图 5-8 某企业的质量可视化管理牌

（7）可视化管理主要项次现状及改进目标

可视化管理主要项次现状及改进目标如表 5-1 所示。

表5-1 可视化管理主要项次现状及改进目标

序号	项目	可视化管理项次	可视化管理现状	后续推进目标
1	看板管理可视化	1. 看板样式可视化	各部门、班组统一看板大小、版面设计	根据精益生产推进实施情况进一步完善看板版面设计
		2. 看板内容可视化	各部门、班组根据自身实际情况制定看板内容，其中包括：生产管理、质量管理、物料管理、人员管理、提案改善、激励制度等	根据精益生产推进实施情况进一步完善看板内容，使之能更实际地反映部门、班组的实际情况，更好地进行可视化管理
		3. 看板责任人可视化	明确每块管理看板的责任人、监督人	明确责任人、监督人的工作内容，以及检查考核办法，应有照片对应
2	人员管理可视化	1. 考勤管理可视化	明确考勤管理制度，制作考勤管理板和员工考勤管理牌，使员工出勤情况可视化	做好考勤可视化管理工作，逐步改进考勤管理板和员工考勤管理牌，使之更美观、耐用，应有照片对应
		2. 劳动纪律管理可视化	明确劳动纪律管理制度，加强对劳动纪律的宣传和检查	完善各岗位的管理工作，使各岗位职能明确

续表

序号	项目	可视化管理项次	可视化管理现状	后续推进目标
2	人员管理可视化	3. 仪表、仪容管理可视化	制定公司仪容、仪表管理制度	完善仪容、仪表管理制度，加强对仪容、仪表的宣传、落实、检查工作
		4. 人员岗位管理可视化	明确各岗位的工作职责	完善岗位管理，通过看板、图表的形式进行岗位管理
		5. 人员动向管理可视化	制作部门人员动向看板，使人员的动向明确，便于进行可视化管理	完善人员动向看板设计及看板内容，使之更美观，易于进行可视化管理
3	物品管理可视化	1. 物品状态可视化	通过区域、标识、工位器具、颜色等的区分使物品的状态可视化	利用看板完善物品可视化管理工作，做好物品管理的保持、推进、检查考核工作
		2. 物品加工流程可视化	明确物品的加工流程，对部分产品制作物品加工流程图	完善物品的加工流程管理，利用看板、图表使物品加工流程可视化
		3. 物品存放可视化	依据物品状态明确存放的区域、数量、工位器具	根据精益生产工作的推进，相应调整物品存放的区域、数量、工位器具，并用不同颜色对区域进行划分，方便管理
		4. 物品转移可视化	明确物品转移的流程，部分产品确定了物品转移的时间、数量、频次	根据精益生产工作的推进，利用看板、图表将物品转移的时间、数量、频次可视化
		5. 物品责任人可视化	明确各类物品的责任人，统一制作物品责任人管理标识	进一步完善物品责任人标识的管理工作，并明确责任人的工作职责
4	作业管理可视化	1. 作业标准可视化	制定各个工位的作业标准	利用图片、表格等更直观的工具使作业标准可视化程度更高
		2. 作业流程可视化	明确各工作、各产品的作业流程	利用看板、图表等更直观的工具使作业流程可视化程度更高
		3. 作业状态可视化	利用警示灯、图片等表示作业状态	加强作业状态可视化的推广工作
		4. 作业计划、进度可视化	利用看板、表格使作业计划、进度可视化	利用看板、图表等更直观的工具使作业计划、进度可视化程度更高，并做好保持检查工作

续表

序号	项目	可视化管理项次	可视化管理现状	后续推进目标
5	设备管理可视化	1. 各种开关、仪表可视化	利用颜色、图标、工具等使各种开关、仪表可视化（如：阀门开关利用指示箭头表明开、关，空调利用一块小布条来表明开、关）	利用各种工具进一步完善各种开关、仪表的可视化工作，并做好落实检查工作
		2. 设备操作、点检、维修可视化	利用图表使设备的操作、点检、维修可视化	充分利用看板、表格、图片、警示标语等工具使设备的操作、点检、维修可视化程度更高
		3. 设备状态、性能可视化	利用图表使设备的状态、性能可视化	利用图片、表格、警示标语等更直观的工具使设备状态、性能可视化程度更高
		4. 设备责任人可目视化	制作设备责任人卡片张贴于设备上	利用图片提高设备责任人的可视化程度，并明确设备责任人的职责，有照片对应
		5. 设备布局可视化	根据精益理念进行设备布局的合理优化	提高班组设备布局的可视化程度
		6. 设备参数可视化	设备参数只有维修、技术人员明白	明确设备的主要参数，利用图表的形式使主要参数可视化。并针对英文的参数建立中英文设备单词对照表
		7. 设备档案可视化	部分设备有设备档案，但是内容不完善	完善设备档案，其主要内容包括：保养、维修、停机记录、磨损件的使用时间及周期等
6	品质管理可视化	1. 质量标准可视化	制定明确的质量标准	利用图片、表格将质量标准可视化
		2. 控制要点可视化	在作业标准中明确质量控制的要点	利用图片展示、实物对比等方法将质量控制要点可视化
		3. 质量趋势可视化	利用图表将月度质量趋势可视化	利用图表、图形将质量趋势可视化，并将整改措施的效果可视化
		4. 量检具使用方法可视化	规范量检具的使用方法并使之标准化	利用图片展示、正确错误使用方法对比等方式使量检具使用方法可视化
		5. 量检具管理可视化	明确量检具的管理规定（使用、存放、责任人、校验周期等），进行规范管理	利用图片、图表、行迹等使量检具的管理可视化

续表

序号	项目	可视化管理项次	可视化管理现状	后续推进目标
7	安全管理可视化	1. 消防器材管理可视化	明确消防器材的位置、责任人、管理办法、使用方法等对消防器材进行有效管理	利用图片展示、颜色区分、真人示范、警示标语宣传等方式使消防器材的管理及使用可视化
		2. 危险点管理可视化	明确危险点的位置、危险种类、责任人、注意事项等，对危险点进行有效管理	利用图表、图片、警示标语等将危险点的管理可视化
		3. 安全警示标语可视化	安全警示标语悬挂张贴在醒目的位置	将安全警示标语悬挂张贴在醒目位置及危险源附近，将可能造成的后果可视化
		4. 安全责任区域管理可视化	明确安全责任区域及其相关规定，进行有效管理	将安全责任区域用不同颜色区分，明确区域的管理职责及管理的重点
		5. 安全责任人员可视化	明确各个区域的责任人并进行可视化管理	利用图片明确责任人的工作内容、工作范围、责任人的职位、联系方式、应该达到的标准，以及检查考核办法
		6. 安全宣传可视化	利用图片、影像、条幅等方式进行安全教育及宣传	充分利用看板、图片、影像、条幅等方式将安全宣传可视化
8	6S管理可视化	1. 整理的可视化	明确整理的范围及整理的标准，进行整理工作	利用图片、影像、标语等方式将整理的范围及标准可视化，从而推动整理工作的可视化
		2. 整顿的可视化	明确整顿的范围及整顿的标准，进行整顿工作	利用图片、影像、标语等方式将整顿的范围及标准可视化，从而推动整顿工作的可视化
		3. 清扫的可视化	明确清扫的范围、标准、责任人，进行清扫工作	利用图片、影像、标语等方式将清扫的范围及标准可视化，从而推动清扫工作的可视化
		4. 清洁的可视化	明确清洁的范围及清洁的标准，进行清洁工作	利用图片、影像、标语等方式将清洁的范围及标准可视化，从而推动清洁工作的可视化
		5. 素养的可视化	明确员工应具备的素养的范围及素养的标准，使每个员工养成良好的习惯	利用图片、影像、标语等方式将员工应具备的素养的范围及标准可视化
		6. 安全的可视化	明确安全的范围及安全的标准，进行安全工作	利用图片、影像、标语等方式将安全的范围及标准可视化，从而推动安全工作的可视化

> **做中学**

观看有关汽修车间可视化管理的视频，了解具体操作流程，并总结一份操作流程步骤。

5.3.4 单元化生产方式

单元化生产方式是适合多品种、中小批量生产的先进生产方式，它汲取了大批量流水线生产的高效率和机群式生产的高柔性优势，同时避免了大批量生产的过度刚性，能迅速适应产品品种和数量的变化，既有效解决了产品多品种、小批量的生产组织问题，又获得了大批量生产的经济效益。

（1）单元化生产方式的定义

单元化生产方式基于消除浪费的理念，以生产单元为基本组成，对人员、设备、物流进行合理配置，是作业人员在单元内进行一人多工序、目标为"一个流"作业的高柔性生产方式。

> **查一查**

查一查"高柔性生产方式"是什么意思。

（2）单元化生产方式的组成

单元化生产方式由生产单元和单元运行管理两部分组成。生产单元以产品为中心，把功能不同的设备按工艺流程集中布局在一起，设备布置紧凑，为实现连续流创造了硬件条件。生产单元一般有直线型、花瓣型、S型或U型等布局方式。单元运行管理改变传统的以管人为中心的管理模式，以缩短产品交付周期和提升生产效率为目标，围绕生产单元的计划管理、人员管理、物料管理、设备管理、质量管理等进行一系列的管理优化或重构，保证生产单元高效运行。

（3）单元化生产方式的目标

单元化生产方式的最终目标是彻底消除浪费，创造价值。通过在生产计划、多能工培养、设备布局、物料管理等方面的变革，实现真正的制造方式变革，缩短生产周期，提高产品质量，降低库存，实现精益制造。

（4）单元式生产方式的特点

① 无后续组装和加工工序。在精益单元中不会产生下级组装件。如果产品结构定义要求下一级组装，可以将下级组装在单元中合并入此单元最终产品组装工序。

② 单件制造。单元式生产方式要求单元内实现单件制造，即在单元中无产品队列，各生产设备或人工操作按照订单需求调整生产速度并进行协调，消除生产瓶颈。

③ 灵活布局和操作区域接近。采用单元式生产方式的一个主要目的是能根据产品需求灵活调整生产输出。要做到这一点，必须合理分配单元人力。U形和J形的单元布局可以使操作人员工作时背对背或肩并肩，有助于增强单元内人员进行各项操作的灵活性，因此是常用的单元布局。传统的线形布局用于长生产线，工人不能转身立即从事其他操作，因此灵活性较低。

④ 多任务操作。在合理的单元布局中，工人可以进行多种专项产品加工，或者处理物料等。这种变化可以有效避免工人长时间在固定位置反复从事单项操作的疲劳，同时可以节省人力成本。

5.3.5 安全人机工程

（1）安全人机工程的定义

安全人机工程是研究人机环境系统的安全本质，并使三者在安全上达到最佳匹配，以确保系统高效、经济运行的一门应用科学。

（2）安全人机工程的主要研究内容

• 分析机械设备及设施在生产过程中的不安全因素，并进行针对性的可靠性设计和维修性设计、安全装置设计、安全启动和安全操作设计及安全维修设计等。

• 研究人的生理和心理特性，分析研究人和机器各自的功能特点，进行合理的功能分配以构成不同类型的最佳人机系统。

• 研究人与机器相互接触、相互联系的人机界面中信息传递的安全问题。

• 分析人机系统的可靠性，建立人机系统可靠性设计原则，据此设计出经济、合理、可靠的人机系统。

（3）人机系统的类型

人机系统主要有两类，一类为机械化、半机械化控制的人机系统，一类为全自动化控制的人机系统。

机械化、半机械化控制的人机系统，人机共体，或机为主体，系统的动力源由机器提供，人在系统中主要充当生产过程的操作者与控制者，即控制器主要由人来操作。系统的安全性主要取决于人机功能分配的合理性、机器的本质安全性及人为失误。

在自动化控制的人机系统中，以机为主体，机器的正常运转完全依赖于闭环系统的机器自身的控制，人只是一个监视者和管理者，监视自动化机器的工作，只有在自动控制系统出现差错时，人才进行干预，采取相应的措施。系统的安全性主要取决于机器的本质安全性、机器的冗余系统失灵以及人处于低负荷时的应急反应。

安全人机工程的应用，应站在作业员的角度去考虑实际操作过程中的安全、影响、效率和效益。调整人和机器之间的操作模式，促使效率和安全的提升。

 议一议

在汽车生产车间中，什么样的功能搭配能够构成优秀高效的人机系统？请小组交流讨论，并派代表总结发言。

教师点评

5.3.6 管理看板

管理看板是管理可视化的一种表现形式，即对数据、情报等状况的表现，主要是针对管理项目，特别是情报进行的透明化管理活动。它通过各种形式（如标语、现况板、图表、电子屏等）把文件上、脑子里或现场中的一些隐藏的情报揭示出来，以便任何人都可以及时掌握管理现状和必要的情报，从而能够快速制定应对方案并实施应对措施。因此,管理看板是发现问题、解决问题的非常有效且直观的手段,是现场管理必不可少的工具之一。某印花车间的生产管理看板如图 5-9 所示。

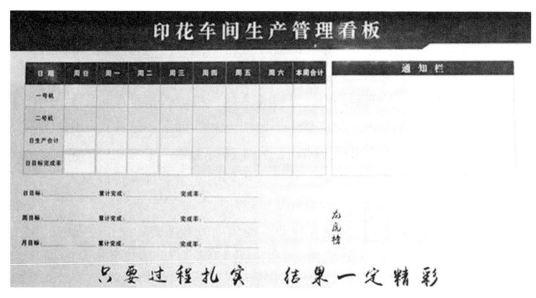

图 5-9　某印花车间的生产管理看板

按照责任主管的不同,管理看板一般可以分为公司管理看板、部门车间管理看板以及班组管理看板三类,如表 5-2 所示。

(1) 目标分解展示板

目标分解展示板能使高层领导从日常管理中解脱出来。所谓目标分解,是公司经营管理的一级指标向二级、三级指标层层展开的一个系统验证图。某项目安全文明施工责任目标的目标分解展示板如图 5-10 所示。

表5-2　管理看板的分类

区 分	公司管理看板	部门车间管理看板	班组管理看板
责任主管	高层领导	中层管理干部	基层班组长
常用形式	各种 ERP 系统❶、大型标语、镜框、匾、现况板、移动看板	标语、现况板、移动看板、图表、电子屏	现况板、移动看板、活动日志、活动板、图表

---

❶　ERP(enterprise resource planning),即企业资源计划。ERP 系统是一种进行物质资源、资金资源和信息资源集成一体化管理的企业信息管理系统。

续表

区 分	公司管理看板	部门车间管理看板	班组管理看板
项目内容	企业愿景或口号 企业经营方针（战略） 质量和环境方针 核心目标指标 目标分解展示板 部门竞赛评比 企业名人榜 企业成长历史 大型活动展示 员工才艺展示 总经理日程表 生产销售计划	部门车间口号 部门方针战略 公司分解目标指标 费用分解体系图 设备 MTBF（MTTR）❶ 改善提案活性化 班组评比 目标考核管理 QC❷工序基准 部门优秀员工 部门日程表 进度管理板 员工去向板 部门生产计划 安全保健现况板 设备计划保全日历 安全无灾害板	区域分担图 清扫责任表 小组活动现况板 活动日志 设备日常检查表 定期更换板 变更点管理 工艺条件确认表 作业指导书或基准 个人目标考核管理 主题活动 QC 工具 个人生产计划 班组管理现况板 报表 物品状况板 TPM 诊断现况板

查一查

企业计划战略的类型。

（2）设备计划保全日历

设备计划保全日历是指设备预防保全计划，包括定期检查、定期加油及大修的日程，以日历的形式预先制定好，并按日程实施。优点是就像查看日历一样方便，而且日历上已经记载了必须做的事项，等完成后作好标记。

（3）区域分担图

区域分担图也叫责任看板，是将部门所在的区域（包括设备等）划分给不同的班组，由不同的班组负责清扫点检等日常管理工作。这种看板的优点是从全局考虑，不会遗漏某区域或设备，是彻底落实责任制的有效方法。

---

❶ MTBF（mean time between failure），即平均故障间隔时间，是衡量一个产品的可靠性指标。
　MTTR（mean time to repair），即平均修复时间，是衡量一个产品维修性的指标。
❷ QC（quality control），即质量控制，指为达到质量要求所采取的作业技术和活动。

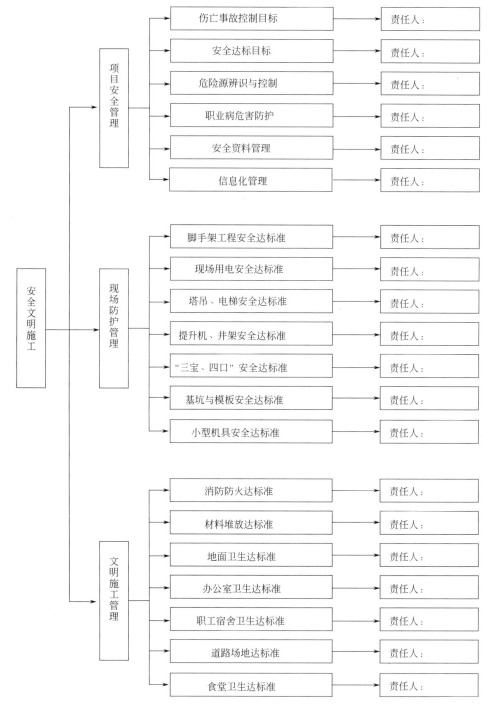

图 5-10　某项目安全文明施工责任目标的目标分解展示板

（4）安全无灾害板

安全无灾害板是为了预防安全事故的发生而开展的每日提醒活动，包括安全无灾害持续天数、安全每日一句、安全教育资料与信息。一般设置在大门口员工出入或集中的地方。安全无灾害板如图 5-11 所示。

图 5-11 安全无灾害板

（5）班组管理现况板

班组管理现况板包含部门目标、出勤管理、业务联络、通信联络、资料、合理化建议、信箱等内容，是班组的日常管理看板，一般设置在休息室或早会的地方。

（6）定期更换板

定期更换板是根据备件的使用寿命定期进行更换的管理看板，一般张贴在需要进行更换作业的部位，方便任何人检查或监督。优点是能将文件上或电脑里记录的需要进行的作业事项直观表现于现物上，不容易被遗忘。

（7）QC 工具

QC 工具是开展主题活动必要的手段，主要是针对特定的工作失误或品质不良运用 QC 工具展开分析讨论，并将结果整理在大家容易看到的地方，以防止这样的问题再次发生，而且大家随时可以讨论提出新的建议并将结果进行修订。一般适合工作比较单一的情况，或特定的课题活动。

（8）TPM 诊断现况板

TPM 诊断现况板是为了持续推进 TPM 活动而进行的分 7 阶段的企业内部认证用记录板，体现小组活动水平的高低，阶段越高水平越高。

总之，管理看板的使用范围非常广，可根据需要选用适当的看板形式。全面而有效地使用管理看板，将在几个方面产生良好的影响：

- 展示改善成绩，让参与者有成就感、自豪感。
- 营造竞争的氛围。

- 营造现场活力。
- 明确管理状况，营造有形及无形的压力，有利于工作的推进。
- 树立良好的企业形象。
- 展示改善的过程，让大家都能学到好的方法及技巧。

管理看板是一种高效而又轻松的管理方法，若能有效地应用对于企业管理者来说是一种管理上的大解放。

物资需求计划（material requirement planning，MRP），即指根据产品结构各层次物品的从属和数量关系，以每个物品为计划对象，以完工时期为时间基准倒排计划，按提前期长短区别各个物品下达计划时间的先后顺序，是一种工业制造企业内物资计划管理模式。MRP是根据市场需求预测和顾客订单制定产品的生产计划，然后基于产品生产进度计划，组成产品的材料结构表和库存状况，通过计算机计算所需物料的需求量和需求时间，从而确定材料的加工进度和订货日程的一种实用技术。

做一做

以食品加工车间为例，设计一块车间看板。

5.3.7 行迹管理

（1）行迹管理的定义

行迹管理就是将零部件、工具、夹具等物品，在相关地面上、墙壁上、桌子上、机器旁等地方，按其投影之形状绘图或采用嵌入凹模等方法进行定位标识，使之易于取用和归位的一种管理方法。如将灭火器、烟灰缸、垃圾箱、茶杯、扫把等物品，在地面上、墙壁上、桌上等地方按其投影之形状绘图，使之使用后易于归位；工具、夹具等可依使用状况，在机器设备旁的墙壁上按其投影之形状绘图，使之易于取用和归位。工具的行迹管理如图5-12所示。

（2）行迹管理的好处

① 减少寻找工具的时间。以往都是将各种工具混放在箱子里和抽屉中，这样要用的时候，就要翻箱倒柜地找，不但浪费时间，而且使用起来也不方便。

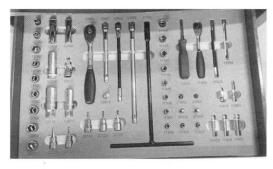 

图 5-12 工具的行迹管理

② 易于取拿，易于归位。由于每个物品都有自己固定的行迹图案，且摆放规范、整齐，所以取拿非常容易，且归位方便。

③ 工具丢失，马上知道。如工具使用之后未归位或丢失，那么相应的物品行迹就会显现出来，一目了然，减少物品的清点时间，同时提醒操作者把丢失的工具或物品找回来。

（3）实施行迹管理的方法

方法1

在存放物品的载体上规划好各物品的放置位置后，在广告纸或油画布等材料上，按物品投影之形状绘图标示，然后将投影形状部分用壁纸刀或其他工具裁切下来，将上述裁切好的材料粘贴在待存放物品的载体上。

如果想要使视觉和使用效果更好，也可以直接在存放物品的载体上标记。如图 5-13 所示，在挂板上画上这个工具的形状，工具若被取走能一目了然地显示出来，万一工具丢失了也能得到及时的补充。

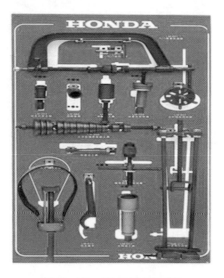

图 5-13 工具挂板示例

方法2

采用嵌入凹模的方法,使工具、零部件等物品易于取用和归位。如没有可用的现成凹模,可以自己动手,利用海绵、泡沫或厚质的台垫,刻画出物品形状后,镂空处理即可,如图5-14所示。

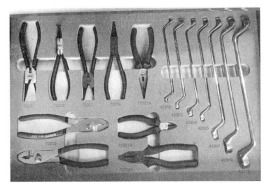
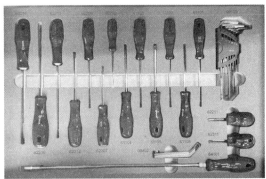

图5-14 在摆放工具的容器中加入嵌入式的凹槽进行行迹管理

方法3

做成看板展示式或多层推拉式的展示板,图5-15为看板展示式的展示板,所有的工具、零件都有固定的位置和标识,采用行迹管理的方式进行管理,查找起来非常方便。

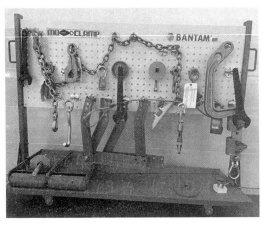

图5-15 看板展示式行迹管理

(4)实施行迹管理的材料和载体

- 实施行迹管理可利用的材料:广告纸、橡胶(或硅胶)台垫、海绵、泡沫等,如图5-16所示;

图 5-16　行迹管理常用材料

• 实施行迹管理的载体：工具箱、工具车、工具（零件）柜或工具（零件）架等，如图 5-17 所示。

图 5-17　行迹管理所用载体示例

课后实践

一、小组合作开展训练

小组分工合作，组员分别调查汽修厂的小型常用工具套装有哪些，了解工具、零件的行迹管理方法。然后组内进行汽修工具行迹管理，提升工具、零件归还整理能力。最后每组派一名同学，进行工具零件归还整理计时比赛。

（1）常用的工具套装里面具体有：_____

_____

_____

（2）如何获取这些工具？_____

_____

二、交流体会

各小组成员进行组内交流,谈谈自己进行行迹管理的体会,并选派代表在班级中交流。

(1)在调查收集工具时,你遇到了哪些困难? _____

_____

(2)在实际操作环节中,你认为最有趣的一个环节是:_____

_____

三、教师点评

教师根据学生的表现进行评价、指导。

(1)学生在操作上有哪些不规范的地方? _____

_____

(2)学生在此次实践中表现出哪些优点? _____

_____

(3)教师补充指导意见:_____

_____

_____

项目 6
企业质量文化

课程目标

知识目标
- 了解企业文化、质量文化的含义
- 掌握企业质量文化的作用
- 熟悉企业质量文化变革的方法

能力目标
- 理解企业文化和质量文化,做到融会贯通
- 能够运用理论知识来促进企业的变革

导读

质量文化的概念天然地体现着 20 世纪以来工业文明的特征，它继承了当代质量实践活动的主流价值观念，可以说，质量文化的形成与发展正是人类自 20 世纪以来的质量实践活动的自然结果。作为人类社会的基本实践活动之一，质量实践活动是伴随着工业文明的脚步与工业文明共同成长起来的。学习本项目能够让学生树立职业精神、增长知识见识、增强认知能力。

问题引入

在进行现场环境参观的时候，人们经常能够发现一个企业内部的氛围挺好的，员工之间分工明确，员工对待事情认真负责。领导人员也常常出现在现场为员工指导、培训。那么，这个企业的文化氛围为什么会这样好？它是如何从一个小企业做到如今这样的规模的？

任务6.1
企业文化与质量文化

企业质量文化分为物质、行为、制度及道德四个层面的内容，质量文化就是企业在长期生产经营实践中，由企业管理层特别是主要领导倡导、职工普遍认同的逐步形成并相对固化的群体质量意识、质量价值观、质量方针、质量目标、采标原则、检测手段、检验方法、质量奖惩制度的总和。

企业质量文化是指企业和社会在长期的生产经营中自然形成的一系列有关质量问题的意识、规范的价值取向、行为准则、思维方式以及习惯。其核心内容即质量理念、质量价值观、质量道德观、质量行为准则。

企业质量文化由四部分构成：
- 质量物质文化。它指的是产品和服务的外在表现，包括质量工作环境、产品加工技术、设备能力、资产的数量、质量与结构、科学与技术水平、人力资源状况等等。
- 质量行为文化。包括质量管理活动、宣传教育活动、员工人际关系活动中产生的文化现象。从企业人员的结构看，包括领导干部的领导行为文化、企业员工的群体行为文化、质量队伍的专业行为文化。
- 质量制度文化。它是约束员工质量行为的规范文化，包括质量领导体制、质量组织机构、质量保证体系、质量奖励与管理制度等。
- 质量精神文化。它是质量文化的核心文化，包括质量文化理念、质量价值观、质量道德观、质量行为准则。

? 想一想

一家刚起步的科技公司应营造怎样的团队文化？

6.1.1 企业文化

企业文化是企业的灵魂，是推动企业发展的不竭动力，它包含着非常丰富的内容。企业文化是指在一定的社会经济条件下通过社会实践所形成的并为全体成员遵循的共同意识、价值观念、职业道德、行为规范和准则的总和，是一个企业或一个组织在自身发展过程中形成的以价值为核心的独特的文化管理模式。企业文化是社会文化与组织管理实践相融合的产物。企业文化是以人为本的管理哲学，是借助文化力量的管理方式，一个没有自己企业文化的企业其经营往往是随波逐流的，其员工也没有主人翁意识，这样的企业是长久不了的。目前国内外现代化企业管理已经从以物为中心的管理转向以人为中心的管理，从而越来越突出人在企业生存和发展中的作用和力量。

企业文化主要有两个方面：
- 从本质上说，它包括企业职工的价值观念、道德规范、思想意识和工作态度等；

- 从外在表现上说，它包括企业的各种文化教育、技术培训、娱乐联谊活动等。

企业文化就是这两个方面内容有机联系而形成的企业风貌精神。企业文化也反映了一种管理方式，它强调企业内部各成员的行为控制，通过价值取向来进行内化和优化控制。资本主义国家已把企业文化当作一种新颖的管理工具，凭借这一工具把精心拟定的企业目标和策略变为具体的业绩。企业文化学的奠基人美国人劳伦斯等人把美国企业文化的基础归纳为目标、共识、贡献、一体、成效、实证、亲密、正直8种基本的价值观。企业文化是企业的宝贵精神财富。培育良好的企业文化，可以使企业做到决策精明、信息灵敏，使员工团结融洽、配合默契、高效快捷、勇于进取，可以在企业成员中形成强大的凝聚力和创业的动力。

6.1.2 质量文化

质量文化是伴随质量管理发展逐步产生的，是企业在围绕保证和提高产品或服务质量、为顾客和其他利益相关方创造价值的实践中逐渐形成的，是一种涉及质量的人类习惯、信仰、价值观和行为模式。质量文化是企业文化的一部分，代表企业以质量为中心、通过文化来引领企业行为的倾向，使企业能通过不同方式促使产品质量提升，为企业带来更强的利润获取能力。深层次的企业竞争实质上体现的是企业文化的竞争，文化竞争的关键又体现在其质量上。企业质量文化是企业文化的核心，而企业文化又是社会文化的重要组成部分。企业质量文化的形成和发展反映了企业文化乃至社会文化的成熟程度。

 做中学

请制定一份汽车车灯生产企业的企业质量文化宣传计划。

任务6.2
企业质量文化的作用

企业质量文化建设是现代质量管理理论和实践发展的必然要求，是高层次的质量经营策略和战略，更是企业开展内部整合、创造双赢的有效途径，所以必须把培育和建设独具特色的企业质量文化作为深入贯彻国家《质量振兴纲要（1996年—2010年）》的有力措施，以促进企业整体素质和质量管理水平的不断提高。虽然质量文化建设是个新概念，但其实质并不深奥，它是企业政工部门与质量部门战略性的结合，是思想政治工作进入质量领域的一种创新。在企业内是可行的，并且一旦形成风气，将为企业带来巨大的经济效益和社会效益。

文化的两个不同层面之间是相互作用的，一个层面的变化自然影响另一个层面，其最为明显的表现就在于群体共有的基本价值观念作用于群体的行为模式。同时，这种因果关系也可以逆向推定——这就是说，行为模式和实践活动也可以反作用于群体的基本价值观念。事实上，群体共有的基本价值观念正是群体行为模式和实践活动长期积累的结果或效应，由此可以说，质量文化的形成与发展正是人类自20世纪以来的质量实践活动的自然结果。作为人类社会的基本实践活动之一，质量实践活动是伴随着工业文明的脚步与工业文明共同成长起来的。

质量实践活动已经从最初的工业领域渗透到人类社会生活的方方面面。从纯技术的范畴看，质量实践体现为确保实体(可以觉察或想象到的任何事物)与需要和期望有关的性质得到持续满足的完整过程，包括两个基本的方面：一是满足既定的需要和期望；二是满足需要和期望的能力的持续改进。随着质量实践活动的不断积累，质量实践逐步超越了其纯技术的范畴而演变为一种文化现象——质量文化。

1985年，海尔公司从德国引进了世界一流的冰箱生产线。一年后，有用户反映海尔冰箱存在质量问题。海尔公司在给用户换货后，对全厂冰箱进行了检查，发现库存的76台冰箱虽然制冷功能正常，但外观有划痕。时任厂长的张瑞敏决定将这些冰箱当众砸毁，并提出"有缺陷的产品就是不合格产品"的观点，在社会上引起极大的震动。作为一种企业行为，海尔公司砸冰箱事件不仅改变了海尔员工的质量观念，为企业赢得了美誉，而且引发了中国企业间的质量竞争，反映出中国企业质量意识的觉醒，对中国企业及全社会质量意识的提高产生了深远的影响。

（1）从这则案例中你获得了哪些启示？

（2）小组交流讨论：为什么说海尔公司砸冰箱的举动带动企业质量意识的觉醒？

课后实践

收集几家大型制造类企业质量文化建设方案，并进行对比，根据结果制定一份企业质量文化发展计划。

任务6.3
企业质量文化的变革

组织的突破与变革可以发生在任何时候，并且通常是由特定的具体改进项目促成这种突破。这些改进能对组织和社会产生突然爆发的有益变化，但它们可能不足以使文化改变或维持自身发生的变化。这是因为它们没能在正确的理由下发生，不是有目的的，是偶然的。由偶然性带来的变化是不可预测的，而一个组织需要的是可预测的变化。

组织在一个永久的、不可预测的变化状态下运行，外部的改进压力与日俱增，需要组织连续地适应改进。这些改进可能需要数月甚至数年的时间来完成，因为它们是许多相互关联和相互影响的组织计划政策和突破性项目的累积效应。总之，通过这些努力，组织文化开始发生改变。

组织中的员工对质量的意见、信仰、传统和实践，被称为"组织质量文化"。文化对质量结果能够产生影响，了解目前的文化，可以确定发展中的障碍，可以实施基于共同理念的行动计划。

除非有一个全面的方法去实现和维持改变，否则改变这种文化很困难，通常无法成功。没有质量文化的突破与变革，一个组织也能获得优异的成绩，但可能不会持续很长时间。企业要想获得维持其业绩并达到市场领先地位的能力，就必须做出改变。

> **? 想一想**
>
> 你愿意更改自己长期养成的生活习惯吗？

6.3.1 大力强化质量意识，建立全员共同的质量价值

增强质量意识，是建立现代质量文化的中心环节。企业必须努力造就一支质量意识强、自觉维护企业质量信誉的职工队伍，以保持长期稳定地生产用户满意的产品。要提高全员的质量意识，必须转变观念，由"要我干"变成"我要干"，由个体意识变成群体意识，实施"以人为本"的管理。同时要强化市场观念、竞争观念、大质量观念、用户观念、整体观念、参与意识、问题意识和创新意识。在加强质量意识教育和培养方面，应着重进行市场经济理论和市场竞争规律的教育、符合性质量和适用性质量区别的教育、职工既是生产者又是消费者的教育。

> **? 想一想**
>
> 如何理解职工既是生产者又是消费者这句话？

6.3.2 积极推行全面质量管理

培育质量文化，增强质量意识，必须在实践中进行。因此，企业要积极推行全面质量管理和ISO9000等国际标准，强化质量技术基础，建立、健全质量体系，实施卓越绩效模式，走追求卓越的质量经营发展之路，围绕市场变化，自觉运用PDCA循环，争创世界级质量。同时，要建立严格的质量责任制，促进企业质量文化建设，完善激励和约束机制，用制度规范人们的行为。明确质量标准、要求和岗位质量责任，将质量考核指标落实到个人，并严格考核，把工作质量的好坏作为评价员工实绩的根本依据，并和工资分配、晋级、评聘技术职务等挂钩，实施质量否决权。要把质量管理制度和人文精神有机地结合起来，要尊重人、理解人、关心人，重视民主决策和参与管理，通过引导、授权和激励，使员工由被管理者变为管理的参与者、规章制度的制定者，以充分挖掘每个员工的潜能和创造力，形成一种积极向上、不断进取、具有特色的质量文化氛围。通过教育和参与管理，使规章制度逐步变成员工的自觉行为。

想一想

怎样让员工参与到新规章制度的制定中来？

做中学

询问身边的亲友或上网收集整理：身边知名汽修企业内部环境（如：制度、人员调动、工具换代）的变化有哪些？和同学讨论分析。

6.3.3 领导要高度重视质量文化建设

世界著名的质量管理学家费根堡姆博士指出："公司领导是质量成功的关键。有力的质量管理的领导对形成质量文化是十分重要的。当今的竞争趋势已经不是单靠个人在质量上的努力所能决定的，而是要有一种环境，在公司内建立一种框架，使每个员工都积极投入质量改进活动中去。因而，公司的质量领导的作用倍加重要。"企业的各级领导，特别是高层领导，应高度重视质量文化建设，成为创建具有时代特征质量文化的第一倡导者、推动者，没有决策者的认识、决心和力量，就没有真正、持久的质量文化。为此，企业的高层领导者要不断学习和吸收先进的经营理念，提出要求和目标，为员工提供培训机会，使全员深刻理解质量文化的内涵，协调并帮助解决工作中的问题和困难，同时，要以身作则，凡是要求别人做到的，首先自己要做到，要起模范带头作用，发挥企业领导的"示范效应""权威效应"。这样才能建立适应市场经济要求的企业运行机制，以独具特色的质量文化战略、优质名牌产品，塑造企业质量文化的良好形象，占领市场，创造辉煌的业绩。

6.3.4 逐步培育、构建全社会的大质量文化

目前，建立企业质量文化的必要性、重要性，越来越被人们所理解和认同，但要全面提高决策质量、经济增长质量和人民生活质量，特别是要提高众多小企业、个体生产经营者的产品质量和服务质量，还必须在全社会大力宣传、弘扬、倡导和构建大质量文化，使各行各业，生产领域、流通领域、消费领域的全体社会成员都树立质量第一、用户至上的思想，逐步形成人人"关心质量、诚实守信、追求卓越、创造完美、服务社会"以及"生产优质品光荣、生产劣质品可耻"的社会风尚，以适应经济发展和人民生活水平的提高。

总之，以质求生，以质求胜，质量是一个永恒不变的主题。企业的振兴，首先靠企业的觉醒，卓越的质量文化，是企业和社会发展的关键。20世纪是质量世纪，随着经济全球化步伐的加快，企业将面临更加激烈的竞争，同时也拥有更广阔的市场空间。以质取胜，走质量效益型道路是企业生存和发展的必然选择。促进企业可持续发展，就必须站在管理的制高点，在实践中不断探索和创新，持续改进，努力塑造良好的企业质量文化，使企业处于竞争的优势，不断发展壮大。

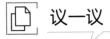
议一议

还有哪些质量文化内容可以提升企业核心竞争力？

课后训练

一、小组成员合作探究，集思广益共同为汽修企业制定一份质量文化改革方案

（1）领导者方面：_____

_____

（2）员工方面：_____

_____

（3）技术质量革新方面：_____

_____

二、交流体会

各小组成员进行交流，谈谈自己的看法。

（1）小组方案这样制定的理由：_____

（2）方案的可行性有：_____

（3）参考示例如：_____

三、教师点评

_____

_____

参考文献

[1] 曾贵明. 质量管理在生产过程中的应用 [J]. 技术与市场, 2013（6）: 243.
[2] 苏秦. 现代质量管理学 [M]. 北京: 清华大学出版社, 2005: 29.